指出一正

Kazumasa Sashide

ぼくらは地方で幸せを見つける

ソトコト流ローカル再生論

ポプラ新書
111

はじめに

これから、僕が出会った、地方で幸せを見つける若者たちについて書いていこうと思います。僕のなかでは、彼らのことを「ローカルヒーロー」と呼んでいます。

「ローカルヒーロー」とは、たったひとりで誰もが望む奇跡を日本の地方に圧倒的に起こすような唯一無二の存在ではありません。生身で等身大だけれど、その人物が作用することで、仲間を巻き込み、普段のまちに熱波が静かに広がり、地方が未来へと前向きに動く。そんな愛すべきキャラクターです。

２０１６年９月のおわり、15年通っている東北のある地方でのイワナ釣りから帰ってきた僕は、『ソトコト』の校了（印刷所へ回す大切な最終チェックの期間）の合間に、ほぼとんぼ返りで広島県広島市へ向かいました。目的は、いま関わっている広島県の中山間地域振興事業となるワールドカフェ「ひろしま里山ソーシャル・カフェ」のマスター兼トータル・ファシリテーターを務めるためです。

25年ぶりの広島東洋カープのセントラル・リーグでの優勝を受けて、広島のまちは盛り上がっていました。今回のワールドカフェの参加者も定員の50名を大きく上回る

72名の方が、広島の里山の未来を考えるこの集いに参加してくれました。大学生からOL、地域ボランティアの70代の先輩世代まで、その多様性にしみじみと感じ入りました。

みんな、自分たちの好きな地域に関わろうとしています。その意識と行動に驚かされ、嬉しくなります。

これまで僕たちは、圧倒的な幸せや、豊かな社会の尺度を東京や東京的なものに置いてきました。でも、その考え方はゆっくりと瓦解し始めているのかもしれません。

ワールドカフェのセッション中、黒と白のボーダーの服を着こなしたオシャレな地元大学生の男の子の、強い視線を感じました。近づいていくと、彼は「指出さんはどのようにして、ファシリテーション術を学んだのですか。僕は、ゆくゆくはファシリテーターとして広島や地元の魅力を伝え、人を地域に案内するような仕事がしたいんです」と、真剣な表情で将来の夢を話してくれました。そう、きっと彼も地方で幸せを見つけようとする「ローカルヒーロー」の卵です。

何も広島にかぎった話ではありません。その2週間ほど前に訪れた岩手県盛岡市では、味噌醤油組合の古い建物をリノベーションして、若い世代が新たなまちの拠点をつくろうとしていました。施設のお披露目のイベントのトークゲストに呼ばれた僕は、

「この場所を単なる『観光案内所』ではなく、人と人が出会い、つながる『関係案内所』にする重要さ」について触れ、そこにいる方々と、盛岡という愛すべき地方都市の未来について想いを共有しました。この「十三日」と呼ばれる施設が、盛岡の「ローカルヒーロー」たちの本拠地になる日も、きっと遠くはありません。

　地方が、「新しい地方」に優しいスピードで変わっていっています。それは、東京をお手本とした人口の集中する都市によくありがちな、ニューヨークやパリ、ロンドンなど、世界の流行をコピー&ペーストしてつくられた即時性と簡易性の人を寄せつける文化とは異なります。

　たとえば高知県四万十（しまんと）市の江川崎（えかわさき）、平日の静かな午前のローカル・カフェ。悠々と流れる四万十川を眼下に眺めながら、地栗のおいしいモンブランと土地の水を使って丁寧に淹（い）れられたコーヒーを、地元の方々や地域おこし協力隊などで移住してきたチャーミングな若い人たちと、まちづくりの未来についておしゃべりしながら味わう格段の特別さ。すべてがじわじわと積み重ねられたリアルの産物で、言うなれば、その土地の「底力」から生まれたものばかりです。

　これまで「都市」の反対語として使用されていた「地方」という言葉の意味が進化して変わり、若い人たちが引きつけられる「新しい地方」が各地に生まれ、また、新たな視点で「発見」されています。

この「新しい地方」には、かならず本書に登場するような「ローカルヒーロー」の存在があります。島根県浜田市、新潟県十日町市、宮城県唐桑半島、山形県朝日町、広島県安芸太田町、福岡県糸島市など、頭の中の日本地図で、その位置をすぐにイメージできる人のほうがもしかしたら少ないであろう、それぞれのローカルの土地で同時性をともなって輝く粒立ち。

僕は、渓流での釣りを通して、自然や環境、山里の文化について興味があり、地方と生態系の事象を掛け合わせて日本の地方を見続けています。『ソトコト』というメディアの編集長の立場から、また、自然好きな者の視点で注目している、日本各地の「ローカルヒーロー」たちの、地方で幸せを見つけていくストーリーを始めます。

ぼくらは地方で幸せを見つける／目次

第3章　未来をつくる手ごたえ　101

第4章　自分ごととして楽しむ　163

第5章　地域の未来をみんなでつくる　217

編集協力・山田真由美

第1章　ローカルに価値を見出す若者たち

ソーシャルネイティブな若者たち

いま、日本の地方各地で若い人たちによる面白い動きが次々と出てきています。

それは、過疎地や限界集落、高齢化、人口減少、何もない、閉鎖的……といった地方像を、ポジティブに塗り替えるひとつの流れとなっています。

いまの20代、30代半ばくらいまでの世代は、1980~90年代に生まれ、バブル崩壊後に育っています。景気がよかった時代の日本を経験していない一方で、小さいときからデジタル環境に囲まれ、携帯電話やインターネットがすでに普及した時代に価値観を育んでいきました。

そんな彼らは、一方向の考えや思想、流行に乗って動くというよりも、小さなコミュニティの属性や多様な嗜好性、仲間との共感性などに価値を置き、行動することがひとつ前の世代よりも格段に多いように思われます。

よく「ゆとり世代」「さとり世代」とそれぞれカテゴライズされて語られがちですが、本質的に言えば、「足るを知った世代」でしょう。必要以上に背伸びをしない、肩肘をはらない自然体。多感なときに9・11やイラク戦争を実際の映像で見て、世界の不均衡や貧富の構造に気づき、興味を持った人も少なくありません。

「ソーシャル」は、社会や地域、環境をよりよくしていこうという行動やしくみを広く意味しますが、リアルタイムで世界の衝撃的な変化を原体験した彼らにとって、「ひとり」ではなく、「仲間」や「みんな」も幸せになって、豊かな暮らしを送るための行為は、まさに「ソーシャル」そのもの。「個人だけではなく、社会の幸せを考えよう」という時代の空気が、この心優しくて、共感性の高い「ソーシャルネイティブ世代」を自然と醸成し、ちょうどいまの日本に登場させたのかもしれません。

かつて、「面白いこと」といえば、東京にあると考えられてきました。カルチャーも人も、最先端で刺激的、憧れる要素が集まる流行発信地。ビジネスで成功したい人にとって東京は魅力的な場所で、何かに挑戦したい若者たちが東京に集まっていた時代が確かにありました。

しかし、いまは違います。過疎地といわれる場所や、山間部のほとんど知られていない土地で、知性もセンスもある若者たちがその地域を盛り上げようとしています。

自分の故郷に伝わる伝承野菜を守りながら、都会と田舎をつなぐ活動をしている若手農家。３・１１をきっかけに東北の半島に移住し、地元の漁業や行事を手伝いながら「半島移住」という新しい生き方の提案をしている女性たち。空き店舗が目立つ商店街で商店主と一緒に盛り上げる活動をしている公務員。農具や漁具など鉄の道具をつくる「野鍛治（のかじ）」として、山の手仕事を継承する職人……。

やっていることはそれぞれですが、共通しているのは、既成概念や従来の価値観にとらわれずに、自分たちが手ごたえを感じられるものをそれぞれのやり方で模索し、つかんでいっているという点です。

取材で彼らに会いに行き、どんな人生をこれまでに歩んできて、どんな考えを持っているか聞かせてもらうと、大学を出て、企業や組織で働いているなかで地方に目を向けるようになっていったケースが多い。大学卒業と同時に、地方を目指す若者もいますが、いずれにしてもなぜ彼らは東京に代表される都市ではなく、ほとんど注目されてこなかった中山間地域のような集落に魅力を感じるようになったのでしょうか。

僕は雑誌の編集を通じて、常に時代や人を見つめてきました。2004年から携わっている『ソトコト』は、2016年のこれまでに、大きな節目を3度経験してきました。その変遷を振り返ることで、いま地方で何が起きているのか、若者の価値観はどう変わってきたのか、その答えが見えてきます。新しい世代がつくる、新しいローカルの暮らしとコミュニティ。まずはここから考えてみたいと思います。

「スローフード」から「ロハス」へ

『ソトコト』は世界初の「環境ファッションマガジン」として1999年に創刊しま

した。「SOTOKOTO」とは、アフリカのバンツー族の言葉で、「木の下」という意味。心地よい木陰ができる木の下には叡智が宿るということわざがアフリカにはあって、木陰に集まる長老たちがさまざまな話し合いや儀式を行ってきました。僕たちも「SOTOKOTO」という木陰に集い、地球環境や暮らしについて、未来につながる知恵を生み出そうじゃないか。そんな思いを込めて雑誌名にしました。

環境をライフスタイルとして語ろうというコンセプトで、時代の一歩先を読みながら、わかりやすいキーワードを用いて新しいスタイルを提案してきました。

たとえば「スローフード」。これはファストフードに対して唱えられた考え方で、イタリア・ピエモンテ州のブラというまちから始まりました。1980年代半ば、ローマにマクドナルドが出店したことに対して食文化の危機を感じたイタリアの人たちが、自分たちの伝統的な食文化（いわゆる「マンマの味」）と、その土地でとれた農作物や肉、魚などの食材を大切に守っていかなければ、と始めた運動でした。

環境問題を食から語れば身近だし、「スロー」というのは食だけでなく、暮らしそのものにも通じる、というので「スローフード」「スローライフ」を新しいライフスタイルとして2000年5月号から『ソトコト』で提案。多くの人が、スピードや効率、拡大成長ばかりを追い求める社会に行き詰まりを感じ始めていた頃で、一度立ち止まってゆっくり考えてみよう、という提案は広く受け入れられました。

2004年には、「ロハス」という概念を提唱。これは大ブレイクしました。もともとは、1990年代後半にアメリカの社会学者のポール・レイと心理学者のシェリー・アンダーソンが導き出した「カルチュラル・クリエイティブス（文化的創造者）」という消費者層の思考や行動分析から生まれたものです。

この層は、右派・左派、保守・革新といった既存の主義に属さず、自分の暮らしに喜びや質の高さを見出す人たちで、彼らが志向しているライフスタイルを「LOHAS」（「lifestyles of health and sustainability」の略）と言いました。この「健康で持続可能な、環境に配慮した生活」というのは、まさに『ソトコト』が読者に提案したいライフスタイル。これからは、「エコ」をファッションと同じようにみんなが語れる共通言語にしていこうという提案は、現在に至るまで一貫した『ソトコト』のテーマとなっています。

それまでは環境問題や社会問題に関心のある世代、おもに30〜40代の男性に読まれていた『ソトコト』ですが、「ロハス」的なライフスタイルをさまざまな特集で提案するようになると、女性が読んでくれるようになりました。同じ頃、オーガニック、エシカル、ナチュラル、サスティナブルといったキーワードを女性誌が積極的に取り上げるようになっていきます。

ソーシャル元年と地域若者チャレンジ大賞

しかし、たいていのブームはビジネスに利用されるなど消費され、そのうち色褪せてしまう運命にあります。「ロハス」もそうです。ロハス特集を最初に組んだのが2004年5月。その後、メディアでもたくさん取り上げられ、2008年には「ロハスビジネス」という言葉が生まれるくらい、消費し尽くされてしまった。ただ、これに関しては自業自得ともいえるのです。

『ソトコト』は「ロハスピープルのための快適生活マガジン」をサブタイトルにしていたのですが、すでに消費された言葉をキャッチに使い続けるのは雑誌として相当危うい。ロハスという価値観が好きな人は買ってくれるかもしれませんが、新しい読者層を取り込むことは難しいのです。このままではマズイ。当時、副編集長だった僕は危機感を抱いていました。

そんな状況のなか、「ETIC.」（エティック。社会課題解決型のソーシャルベンチャーの育成・支援を行うNPO）代表を務める宮城治男（みやぎはるお）さんから「地域若者チャレンジ大賞」の審査員をやってもらえないかと相談をいただきました。

どんな賞かというと、地域に根ざし活動する企業や自治体、大学などに、若者がインターンとして入り、ともに地域課題に取り組むプロジェクトを実践、その取り組み内容と成果を表彰しようというもの。説明を伺って、「地域」というフレーズに編集者としてのアンテナが反応しました。何より、社会に貢献したいと考える若い人たちを育成するパイオニアとして、絶大な信頼を得ているエティックさんからの依頼です。喜んで引き受けることにしました。2008年7月。いま振り返れば、この年は「ソーシャル元年」とも呼ぶべき、大きなターニングポイントとなりました。

新しい価値観、新しい暮らしを求めて

2008年9月に起きたリーマン・ショック。世界は同時不況に陥り、日本経済も著しい影響を受けました。多くの人が自分とまったく関係のないところで起きたマネーゲームの失敗に巻き込まれ、倒産を余儀なくされた日本の企業も少なくありませんでした。

僕はメディアの人間として、この金融危機の影響を身をもって実感しました。

まず、企業からの広告出稿が格段に減りました。特に、グローバル企業と呼ばれる大きな会社ほど環境問題に関して熱心で、恒常的に広告やタイアップ記事などで『ソトコト』を応援してくれていたので、これは大きなダメージでした。『ソトコト』は「企業読者」といわれる、会社のCSR部署や環境対策課などに所属する方が多く購入してくれていました。リーマン・ショックの影響は、そういった一読者のみなさんにも及んで、販売部数もガクンと落ち込みました。多かれ少なかれ、雑誌業界はこの影響を比較的ダイレクトに受けていたでしょう。

　リーマン・ショックは、人々の価値観を大きく揺さぶった出来事でもありました。僕はリーマン・ショックが起きなければ、いまのようなソーシャルな盛り上がりはなかったのではないかとすら考えているのです。それは、ここ数年の取材で地域の若い人たちにインタビューするごとに、いまの暮らしを始めたきっかけとして「リーマン・ショックで、世界が思いのほか脆（もろ）いことにショックを受けたから」という答えをもらったからです。リーマン・ショックが日本の若者たちに、「ひとつのものに頼りすぎない生き方」「バランスのとりやすい豊かな暮らし」という、これまでオルタナティブとみなされていた選択肢を新たに見出させたのかもしれません。

　特に、いまの社会システムでいいのか、その先の未来に自分たちの幸せはあるのか、と真剣に従来の価値観を見直そうとしたのが若い世代でした。

　大企業も倒産しないとは限らないことを知っている彼らですが、それでもまだ、大手企業のエリートコースを信じている人たちもいました。いい大学に入ってアメリカに留学し、MBAを取得し、外資系企業に就職できたら超カッコイイ。そんなふうに憧れる若者もいたでしょう。

それが2008年を境に、大きく変わってしまった。何を基準に、自分の生活や仕事を選べばいいのか。自分が求める豊かさ、幸せな暮らしとは、いったい何なのか。みんなが知っている有名企業で働くことなのか。最高の学位を取得してまわりからもてはやされたいのか。お金持ちになりたいのか……。リーマン・ショックを受けて、誰しもみな、もう一度考え直したのではないでしょうか。

そうやって模索するなかで、経済やカルチャーのメインストリームである東京的な価値観ではなく、野山や海に囲まれた土地の暮らしや文化のなかに価値を見出そうとする人たちが増えてきたのだと思います。それも、平成の日本で生まれ育った世代で特にその傾向を感じます。

若い人たちの間で、確実にローカル志向が高まっている。そう強く感じたのは、「地域若者チャレンジ大賞」の審査員として、頑張っている若者たちと接する機会が増えたことが大きかった。それ以前も、自給自足な暮らしやオーガニックな食材といったテーマで地方にはあちこち出かけていましたが、それらは一度限りの単発。それだけでは、僕は地方で生まれていた新しい変化の兆しに気づかなかったと思います。

「地域」×「若者」＝∞の新しい未来

編集者には、時代がどう動いているかをしっかりつかむ責任がある。そのためには、点ではなく線でひとつのものを見続けなければなりません。僕は「地域若者チャレンジ大賞」に携わったおかげで、地方の小さなまちや村で若い感性をのびのび発揮し、都市の価値観と違う生き方を模索する若者たちとたくさん知り合うことができました。

まちに賑わいを取り戻す商店街再生策、伝統工芸品や地場産品のブランディング、間伐材を活かした商品開発による森林再生。どのプロジェクトも、チャレンジ精神とアイデア溢れる取り組みでした。何より嬉しかったのは、大学生らが、地域の課題に真剣に向き合っていたことです。

最終コンテストでは、各地域の代表に選ばれた学生がプレゼンテーションを行うのですが、彼らを応援しようと北海道、東北、東海、北信越、関東、関西、中四国、九州、沖縄の9地域からたくさんの人がはるばる東京の会場にやってきます。プレゼンでは、8カ月にわたる長期インターンシップで実践したこと、そこで得たもの、これからどんなことに挑戦していきたいかなどを若者が発表。インターン中に壁にぶつかり、逃げ出したくなったりしながらも、体当たりで課題に取り組んできたエピソードが熱く語られ、発表者も応援する人たちも感極まって涙を流す場面が多く見られます。

地域の困りごとを自分の力で何とかしたいと頑張る若者がいて、その奮闘を「よく頑張った」と讃え、支える地域の大人たちがいる。僕はその様子を見ていて、地域にはこんなにも前を向いている若い世代が生まれているのか、と胸が熱くなりました。

リーマン・ショックが起きた2008年、日本中が経済の立て直しを迫られ、その対策に奔走していた同じ時期に、新しく農業を始める若者や、使われなくなった古民家を自分たちの手でリノベーションし、そこを拠点に活動を始めるなど、都市の動きとはまったく異なる、ローカル独特の文化が芽吹いていたのです。

彼らは誰かから押しつけられて、義務感でやっているのではありません。みんな純粋に、この地域を盛り上げたいと思って地域づくりに関わっている。心から面白いと思っている。そうした若者の情熱を、地域の企業や商店街、事業主が本気で応援し、支えてくれている。日本の地方には、いつの間にかこんなに希望の感じられる図式が生まれていたのです。

「地域」×「若者」＝∞（無限大）の新しい未来

編集者として、この新しい胎動をレポートしなければ。折しも、「地域再生」「地方の復興」が叫ばれている時期、「地方消滅」「限界集落」「地方の財政破綻」など、地方につきまとうのはネガティブな話題ばかりでした。でも、自分の足で日本全国、各地域に分け入ってみれば、未来を見つめて地域の人たちと協力しながらまちを元気にしようと頑張っている若者たちがきら星のごとくたくさんいて、その地域を明るく照らしている。彼らの存在が、これからの日本を新しくつくり変えていくに違いない。

２００８年以降、意識的に地方の若者を取材するなかで、そんな思いを強くしていったのです。

「日本列島移住計画」特集、そして3・11

「ロハス」に変わる新しい価値観を提案しないといけない。そんな思いを抱えながら、『ソトコト』をつくるなかで、「葉っぱビジネス」で有名な徳島県上勝町(かみかつ)の株式会社いろどりの社長、横石知二さんにお会いしました。２０１０年秋のことです。

上勝町は町民の約5割が65歳以上の高齢者ですが、地域のお年寄りたちが山から採集する「葉っぱ」を料理の「つまもの」として販売し、年間2億円を売り上げるまでに成長させました。その仕掛け人が横石さん。いろどりは、誰も目を向けていなかった「地域にあるもの」を資源に変え、しかもお年寄りたちの生きがいまで創出している。僕は、地域ビジネスの新境地を切り拓く横石さんに質問をしてみました。

「地方に移住するというのは結構ハードルが高くないですか？」と。

『ソトコト』は「ニュージーランド移住計画」という特集を年に一度やっていたのですが、別の場所で移住特集ができないかと考えていたタイミングだったのです。僕の唐突な質問に、横石さんはそんなのわけもないよ、という顔でこう言いました。

「な〜に、簡単ですよ。田舎では月収20万円もあれば十分豊かに暮らせますから」

それを聞いて僕はハッとしました。たとえば高円寺から下北沢に引っ越すのと、東京から徳島に引っ越すのと、考えようによってはたいして変わらないのかもしれない。

「移住」というと大事のように感じるけれど、引っ越しの延長だと思えば東京から地方へ暮らす拠点をひょいっと移すことができるのではないか。実際、そうやっていとも軽々と都会から地方へ移住している実践者も増えている。ならば、いっそのこと思いきって国内移住の特集を組んでみよう。そうやってできたのが、２０１０年12月号の「日本列島移住計画」という特集でした。

誌面では全部で60の地域を紹介したのですが、選ぶ基準には明確なモノサシがありました。それは、「感動的な地域」であることです。いろどりのある上勝町は感動的です。70代、80代のお年寄りたちが元気に生き生きと働いている姿は感動を呼びますし、こちらも元気になります。日本にはまだまだそうした感動的な地域があるに違いない。地域の人たちが自分のまちを盛り上げようと頑張っているところだけ紹介しよう。そういう視点で60地域を選びました。これが予想以上に反響が高く、『ソトコト』の発行部数は10万部なのですが、その7、8割は売れた。平均5割程度の消化率なので、これは優秀な成績です。

何より、日本の地方に魅力を感じている人が確実にいる、ということの手ごたえは、新しいテーマを探している自分にとって非常に大きな意味がありました。ここで僕は初めて「ローカル」という視点を強く意識するようになったのです。

そして、その翌年の2011年3月11日、東日本大震災が起きました。震災と原発事故は、僕たちの暮らしを根幹から大きく揺さぶりました。それまで当たり前のようにあった安全な暮らし。水道の蛇口をひねれば飲める水が出て、スイッチを入れれば電気がつく。外に出て普通に呼吸ができる。こうした当たり前が当たり前ではなかったことに、僕たちは気づかされました。

これからを、どう生きるべきか。誰もが考え直していたときに、僕は小さな光を感じていました。それは、震災をきっかけに、たくさんの若者が東北を訪れたこと、彼らが「東北」という価値観を発見したことです。

あえて言葉にするならば、その価値観とは、生温（なまぬる）かったり、涙ぐんだり、思いきり笑ったり、人を心から信頼したりという、人と人との純朴なつながりから生まれる感情の変化でしょう。ドライなことを言いますが、若者の志向は、平時には都会的なものに強く興味が集まります。それは、企業やメディアが研究に研究を重ねたり、若い人同士の間で盛り上がったり、人がたくさん集まる都市だからこそ生まれるムーブメント。だから、そういった状況で関心が東京一点に特に集中するのは仕方がありません。社会やネットが個人の好みに合わせた情報をオートマティックにどんどん提供するようになったことで、好き嫌いや興味のあるなし以前に、「東北」と「若者」は別のレイヤーに存在せざるを得ませんでした。

しかし、3・11はこのレイヤーを吹き飛ばし、東北に若者を向かわせました。震災というソーシャル・マターがなければ確実に東北との接点を逸していた世代です。

変わる「豊かさ」の価値観

若者たちは宮城、岩手、福島、それぞれの地域でがれき撤去や生活物資の配付などをしながら、その土地の人たちとふれあい、東北の風景を目にしました。彼らがそこで体験したことは、自分の名前をフルネームで呼んでくれて、よく来てくれたと感謝してくれるおじいさんおばあさんたちとの交流であり、本気で漁業の立て直しに打ち込むおじさんの生きざまに触れることであり、地域のコミュニティが希薄な時代にあって、人と人が信頼し合い、支え合っている姿でした。

目にするもの、触れるもの、出会う人々すべてが新鮮だったに違いありません。衝撃を受けた、と言っても大げさではないと思います。僕は18歳のときに初めて山形に行きました。伝説の巨大魚「タキタロウ」が生息するといわれた朝日村の大鳥池です。そこで、衝撃を受けた。群馬県高崎市の地方都市で生まれ育った自分にとって、朝日連峰が連なる農村風景や、大鳥池の厳かな空気は非常に神秘的でした。当時、バブルの真っ只中でなんでも東京的であればいいという価値観のなかで、こんな原生の自然が広がる場所が日本にあったんだということが衝撃だったのです。１９８８年に18歳だった僕の衝撃と、２０１１年の20代、30代が東北で得た経験というのは、きっと同じです。

テクノロジーが急速に進化し、僕たちには身体性のともなわない経験値ばかりが膨れあがっています。そんななか、「リアルな地方」に出会った若者たち。その衝撃は計り知れないものがあったでしょう。そして、ソーシャルネイティブな世代である若者たちは、SNSなどを活用して仲間たちに情報を発信し続けました。「気仙沼に行って世界観が変わった。面白い人がたくさんいる。今度一緒に行こう」といった口コミが若者たちの間で膨大に交わされ、そして現在も進行中で、東北は若い世代に発見し続けられている。僕にはそんなふうに見えます。

阪神・淡路大震災のときは、ボランティア元年といわれて、たくさんの若者が神戸に入って被災地支援を行いました。でも、神戸はやっぱり都会です。一次産業がベースの東北のように、若者たちが必死になって牡蠣や魚の種類を調べて、安全ですから食べてください、などと情報発信はしなかったでしょう。

つまり、2011年は「ソーシャル元年」であり、東北という価値観を若者が発見した年であり、同時に一次産業の大切さや魅力を彼らが知った年でもあるのです。

ソーシャルという新しい価値を提案する

3・11の直後、僕は『ソトコト』の編集長になりました。「時代が変わった」と前編集長から襷（たすき）を渡された僕は、雑誌をどこに向けて舵取りをすればいいか考えた。そのときに、僕の頭のなかにくっきりと浮かんだのは、地方に目を向け、そこで新しい暮らしをつくろうとしている若い人たちの存在でした。

「ロハスに変わる価値観。それはソーシャルだ」

迷いはありませんでした。確信を持って、『ソトコト』の新機軸を「ソーシャル」でいくことに決めたのです。社内の理解を得るには時間がかかりましたが、自分のなかでは揺らがぬ強い意志がありました。

既存の価値観や常識の殻を破ろうと未来を向いている若い世代。そして、彼らが憧れるプレーヤーたち。彼らの生き方や考えをしっかり伝えるべきだ。時代の転換点に誰もがどこに向かっていけばいいか模索しているなか、雑誌が果たすべき役割は、その方向性を考えるためのヒントを届けることだ。そう方針を固め、約1年の準備期間を経て、２０１２年５月号より、『ソトコト』をフルモデルチェンジしたのです。

サブタイトルを「ロハスピープルのための快適生活マガジン」から「ソーシャル＆エコ・マガジン」とし、『ソトコト』のロゴも角を落として丸くしました。そして、ソーシャルな価値観を伝えてくれる若手論客による連載を始めました。大野更紗さんや駒崎弘樹さん、古市憲寿さんなどが趣旨に賛同し、協力してくれました。そうやってつくったリニューアル第1号の特集は、「ソーシャルな子育て」。「ソーシャル」という価値観には揺らぎのない自信がありましたが、それを謳ったからといってすぐに売れるわけではありませんでした。

新しい価値観を読者と共有するために、小規模のイベントをたびたび開くようにしました。従来の雑誌は、広く人々に発信するメディアでしたが、これからはみんなが自由に入っていける、そんなソーシャルメディアが必要だと思ったのです。

そうやっていくうちに、社会のために何か役立ちたいとか、都市型のライフスタイルとは違うものを求める層から支持されるようになり、読者層がガラッと変わった。それまでは40代が中心だったのですが、20代、30代に若返りました。

一次産業に従事する、したい若者が増えている

確実に変わったと実感したのは、２０１２年12月号の特集で「若い農家が日本を変える」と題して、全国の若手農家をクローズアップしたときです。３・１１後、自分を取り巻く生活環境を自分の手でできるだけつくっていきたいと、農業を新しく始めたり、家業である農業に取り組んだりする若い人が増えていきました。

彼らは「生産者と消費者」という単純な構造ではない、もっとクリエイティブで人と人のつながりを大事にした「農」を模索している。それはまさに、若い人たちによる新しい価値の創造であり、未来をつくるひとつの大きな柱になるに違いない。

　そんな思いから制作した若い農家のいまを伝える特集は大成功。発売1週間で完売し、雑誌では珍しく増刷をかけたほどでした。誌面に登場してくれた農家と、彼らを応援する若い人たち、そして農業や一次産業に憧れる若者たちがたくさん買ってくれました。そう、「ダサい汚い古い」と思われてきた農業が、クリエイティブでカッコいい農業になり、「食」を生み出すことが若い世代の憧れの的になっていたのです。

　農業がなぜカッコよくなったか。これは、クリエイターと呼ばれる人たちの功績が大きいでしょう。アートディレクター、デザイナー、フォトグラファー、イラストレーター、建築家といった人たちが、「農業」を発見したのです。そう、「東北」を若者が発見したように。感度の高いクリエイターたちは、面白いものやことを見つける手腕に長けています。都市で培われた既存の表現方法が頭打ちになったとき、クリエイターが向かったのもやはり地方でした。そこでは自分と同世代の若者たちが、代々続く農業をやっている。土と向き合い、さまざまな作物を育てている。農業とアートの類似性に気づいた彼らから新たな農業の発信が行われ、また、農家は自分たちの行っている農業を第三者の視点から大きく評価されることで自信がつき、それぞれの交流がますます広がっていったのです。

弱虫雑誌を助けてくれた若者たち

「若い農家が日本を変える」特集号を制作中に興味深い現象がありました。取材に訪れた若手農家たちはみなSNSを使いこなしていて、取材の様子を雑誌が発売される前からどんどん発信していました。「今日は『ソトコト』の取材を受けました。若い農家特集、発売されたらぜひ読んでくださいね！」という具合に。

従来のメディアだったら「発売前に情報を公開するのは控えて」というのがセオリーですが、僕らは逆に歓迎しました。『ソトコト』を「人に発信するメディア」から「人が交流するメディア」にしていきたいと思っていたからです。

いまの若い人たちは仲間が頑張っている姿を見て「いいね！」と共感し応援する、心優しき世代です。共感できる仲間とのつながりを何よりも大事にしている彼らが、『ソトコト』という雑誌に「いいね！」と共感してくれたのは、「ソーシャル」を軸にしていこうと舵取りをし、開かれた雑誌づくりを始めたことが大きいでしょう。

「開かれた」とはどういうことかというと、『ソトコト』の編集を、読者と一緒に考えるしくみをつくったのです。「次は図書館の特集をするので、みなさんのおすすめの図書館を教えてください」というように、Facebookページで募集をし、集まってきた情報でページをつくる試みを始めました。このFacebook編集会議には、たくさんの人が参加してくれて、まさに「読者とともにつくる雑誌」になりました。

　そう言うと聞こえがいいですが、雑誌として弱音を見せているわけです。雑誌の根幹である、「企画」を読者に委ねているわけですから弱虫雑誌ともいえる。でも、じつはまちづくりにおいても「弱さを見せる」というのは大事だと思っています。

わがまち自慢より、課題を見せてこそ

　僕は全国各地の市町村から依頼を受けて、まちづくりについて話す機会がたくさんあります。みなさん、若い人たちに来てもらいたいと思っています。住んでくれるのがいちばんありがたいけど、旅行で来てこの土地を気に入ってくれたら嬉しいと。

　集まった人たちに「みなさんのまちをPRしてください」と僕がお願いすると、たいていいいことしか言いません。「百名山があります」「棚田百選に選ばれました」「大河ドラマの舞台になりました」などなど。でも、それでは若者は魅力的に感じません。自分たちが関わる必要はない、と思うでしょう。

　インターネットを通じて、これだけ多種多様な情報が簡単に手に入る社会に暮らす若者にとって、一方的に与えられるまちの魅力の情報はあまり価値がありません。いま、ほしいのは「関わりしろ」です。つまり、その地域に自分が関わる余白があるか

どうか。これは観光でも移住でも同じです。ここで「うちはこんなにすごいんだぞ」と、地域の満点感を出せば出すほど、「自分とのひっかかりがないな」と、他人ごととして興味を失ってしまいがちです。リアルな場所で求められるのは、自分ごととして参加できるか、ひとりの人間として、必要とされているかなのです。

ですから、僕はまちづくりを考えている人たちにいつもこうお願いしています。「弱音を吐いてください」「みなさんが本当に困っていること、どうにかしたいと思っていることを正直に話してください。若者たちはそういう困っていることを自分たちで解決できないかと親身になって考えてくれます」と。

いまの若い世代は、人の役に立ちたいという意識が非常に高い。ですから、地域の困りごとをオブラートに包んで、いいところだけ見せられても、彼らの心は動かないのです。共感が得られない。彼らの心の芯にあるものは、「応援したい。支え手になりたい」という気持ちで、自分が関わることで、少しでもよい方向に向かうことに喜びや手ごたえを感じています。

ですから、無理してわがまち自慢をしなくていい。それでは地域の本気が見えません。まちづくりや地域活性化を本気で考えているみなさんに強くお伝えしたいのは、弱さを見せることが、いまの時代にどんなに強みになるかということです。

２０１２年から『ソトコト』の制作を読者のみなさんに手伝っていただくようになって、雑誌づくりもまちづくりも同じだと気づきました。売れないとか、広告が入らないとか苦戦することはたくさんありますが、大事なのは自分たちが万能ではないと認識すること。そのうえで、編集者として、まちづくりの担い手として最大限の努力はするけれども、足りないところはみんなの力を借りてつくり上げていけばいい。

僕は地方に行って話をするとき、いつもまず失敗談から話すようにしています。実際、編集長になってしばらくの間は、まったく売れませんでした。「ソーシャルなんてものに、本当に読者がつくんですか」といつも疑問視されていましたし、社内からは「ソ僕はスーパー編集者ではなく、ダメな部分や弱さを見せながら、みんなに支えてもらいながらいまの『ソトコト』をつくり上げてきたのだと。そういう話をすると、みなさん、わがまち自慢から、少しずつ本音で語ってくれるようになります。

どの地域でも感じるのは、みんな自信をなくしているということです。口を揃えて「何にもない、つまらない田舎」だと言う。「地方」というと、過疎とか限界集落とか消滅都市とかネガティブなことしか取り上げられてきませんでしたから。

でも、地域の人たちの自信のなさ、課題がいろいろあるという状況が、若い人たちの心を揺さぶっている側面は確実にあると思います。自分たちの持っている情報やモノ、価値観をもシェアしたり交換したりするのが得意な彼らは、「分担世代」という言い方もできるかもしれません。
彼らは、それぞれに職能や得意分野があるなかで、自分ができないこと、持っていない部分に関しては、それが得意な仲間の力を借りればいいと柔軟に対応しています。互助の精神が強い世代ですが、それは、昔ながらの助け合いというよりも、パートワークに近い発想です。それぞれの得意を持ち寄り、それを互いにシェアする。いいコミュニティを健康的につくり上げている人たちを見ていると、そういう価値観が集まっている印象があります。ピラミッド型ではなく、フラットな横に広いコミュニティ。こうした新しいコミュニティが各地で育っていて、その中心にいるのが、「地域のために役立ちたい」という公共性の高い目標を持った若い人たちなのです。

移住でもなく観光でもなく地域に関わる

『ソトコト』は、2012年から島根県と連携し、「しまコトアカデミー」という、ソーシャル人材を育成するプログラムを東京と関西で開講しています。これは、地域について学びたい、関わりたいけれど、すぐに移住はできないという人のために、島根というフィールドを題材に、地域の課題や価値、新しい可能性を実践的に学び、自分の関わり方を見つけようという講座です。

島根県は「過疎」という言葉が生まれたといわれている県です。1992年、世の中がまだバブルに浮かれていた時代に、島根県では若年層の都市部への人口流出と、少子高齢化を背景とした人口の自然減がすでに始まっていました。人口減少はいまや日本の全地域が抱える課題であり、そういう意味で島根県は全国に先駆けて未来に踏み込んだ県といえます。

さらに、島根県は人口減少による諸問題にいち早く気づき、93年から移住・定住政策を行っている、大ベテランでもあります。つまり、島根県で起きていることを知り、未来に向けてどんな地域づくりをしていくかを一緒に考えられたのは、環境を専門としてきた編集者として本当に大きな収穫でした。僕の、現在の日本の地域への知見が広まったのは、島根県の方々に教えてもらったことが根幹にあります。

「しまコトアカデミー」が画期的なのは、島根に移住しなくてもいいから、島根のことを考えて応援してくれたり、地域のことに関わってくれたりする人を育てたい、というスタンスで人材育成に取り組んでいることです。

通常の移住・定住政策は、結果がすべて移住者の数に表れます。ところが、「しまコト」は、このノルマからすでに逸脱している。移住しなくてよければ当然講座のハードルが下がり、雰囲気は柔らかくなり、地域に興味を持ち、参加する人や層が増える。ゆるいつながりのソーシャルな講座。島根県は思い切ったことを始めたものです。

地方移住を考えたり、地域に関わりたい若い世代にとっては、このゆるやかさがよかったのでしょう。東京講座では毎年15人規模の少数制にたくさんの応募者が集まり、これまでに63人の受講生が誕生し、そのうちの15人が島根にU・Iターンしています。しかも、起業したり、仲間と一緒に地域の医療や福祉を支える拠点をつくったりと、さまざまな形で地域の課題を解決する活動に取り組んでいます。

この成果は、島根県にとってはもちろん、自分たちのまちに若者を呼び込みたい地域の人たちにとっても大きな希望になっていると感じます。なぜならば、移住もなく、観光でもない形で地域に関わりたい若い世代が確実にいる、ということがわかったからら。それは、僕にとっても新しい発見でした。

どうすれば若者を地域に呼び込めるか

さらに、2015年からは広島県と連携し、「ひろしま里山ウェーブ拡大プロジェクト」が始まっています。これは、ソーシャルな考えを持つ首都圏の若い人たちに、広島の中山間地域の課題解決に関わってもらう講座。43人の規模で、1期生のうちの

5人がU・Iターンし、広島の中山間地域を盛り上げる活動をスタートさせました。

こちらも、すぐに移住をしてもらわなくていい、広島に興味を持って応援してくれる若い人たちとの関係を深めたいという広島県の希望で始めたのですが、東京の若者たちからたくさんの受講希望がありました。

「しまコト」「里山ウェーブ」と2県の事業に携わってわかったのは、若い人たちは「居場所」を探しているのだということ。

よく、若者は「自分探し」をするといわれますが、いまの若者たちは自分を探しているのではなく、自分が手ごたえや実感を得ながら暮らせる「居場所」を探しているのです。そしてその居場所所は、カフェやコミュニティスペースではなく、「地域」です。

若い人たちの間で、日本のローカルが注目されるようになったのは、彼らが「居場所」としての地域を探しているから。そして、ローカル志向の若者たちは、地域には本当の意味での豊かな暮らしがあると感じている。彼らは、誰かの価値観ではなく、自分のモノサシでその地域の〝宝〟を見つけられるし、見つけようとしている……。

これは、地方での暮らしを選んだ若者や、都会と地方を行ったり来たりしながら暮らしを模索している若者たちとたくさん出会い、たくさんの話を聞いてきた自分がいま、いちばん強く感じていることです。

これは、見方を変えれば地域貢献に高い意欲を持つ若者と、そういう若者を呼び込みたい地域とのマッチングがまだ十分ではないともいえます。「地域を盛り上げたい。地域に貢献したい」と、居場所探しをしている若者が都会にはたくさんいて彼らはモヤモヤしているのです。待っているだけでは、若者はその存在に気づけません。地域が率先して、人を探す時代です。

自分たちの地域にとって、どんな人が関わってくれたら楽しいか、面白いか、課題が解決されるか。一緒に未来をつくりたい若者のことを知ること、それは裏返せば、地域にどのような魅力があるかを再解釈することかもしれません。従来の、お隣の地域に対してのお国自慢や牽制球のようなものではなく、居場所や関わり場所を探している若者たちが、その土地を見つけてくれる方法を考えることが大切です。

でも、だからといって、新たな施設をつくる必要はありません。現代の若者にとって、日本の中山間地域はワンダーランドだからです。漫画に出てくるようなおちゃめなおじいさんやおばあさん、映画のロケに使えそうなファンタスティックな里山と古民家の織りなす風景。お金を介さないご近所経済。東京では味わえない、その土地が生み出す食べもの。そう、日本の地方には「宝物」がたくさんある。こういった感覚を身につけることができたら、ご縁の出会いが必ず生まれます。

第2章 関係人口を増やす

1　生きるアート集団、全国で仲間を増殖中！
――パーリー建築（新潟県十日町市他）

5カ月で1000人以上！　会ってみたいナンバーワン

これからの地方を元気に、面白くしていく担い手、それがローカルヒーロー。その象徴として、真っ先に浮かぶのが「パーリー建築」です。

パーリーってなんだ？　新しい建築技術のこと？　ナゾですよね。僕も初めて聞いたときはそう思いました。

パーリー建築とは、パーリー＝パーティーを続けながら使われなくなった建物を改修する3人の20代男子による建築集団のこと。田んぼのなかにウッドデッキを敷いて黒板を置いた「田んぼの教室」（49頁）、コックピットのような狭小スペースにスクリーンを張ったシアタールーム、日本一小さな芸術祭のためのギャラリー棚などなど。

依頼された場所に住み込み、地域の子どもからお年寄りまで巻き込んでワイワイ楽しみながらつくる。空間づくりをエンターテインメントやイベントにしてしまうのがパーリー建築の特徴です。

彼らのことを知ったのは、あるトークイベントへの出演で十日町市を訪れた際に、親しくしている知人から「面白い人たちが十日町の集落で何かやっています。パーリー建築という名前です」と聞いたところからです。名前からしていい響き！

実際に気になって彼らのFacebookページをのぞいてみると、何だか非常に楽しそうで、いつか家の特集などで取材したいと頭のなかにインプットしました。

『ソトコト』は２０１６年1月発売の2月号で創刊２００号を迎えました。その「ありがとう！」企画として、僕が全国どこへでも伺って、出張トークイベントを開催する、通称「レンタル指出」を毎月2回程度行っています。どんな地域でも「パーリー建築」の話をすると、みんなが笑顔になって、彼らを自分たちの地域に呼びたい、うちを改修してほしい、と言います。地域の垣根を越え、会ってみたいと思わせる魅力がパーリー建築にはあるのです。彼らは有名人でもなければ、タレントでもありません。テレビや新聞などマスメディアで取り上げられたわけでもない。ほぼ独学で建築を学び、新潟県十日町市の小さな限界集落から発信したのにもかかわらず、「パーリーに会いたい」と、ギルドハウス十日町に住み込みをした5カ月間に1000人以上が彼らのもとを訪れました。

しかも、パーリー建築の活動は一カ所に留まりません。求められるままに全国各地、どこへでも移動しながら仲間を増やしています。いったい何が、人々の心を惹きつけるのでしょうか。

パーリー建築がおもな拠点としているシェアハウス「ギルドハウス十日町」がある津池は、周囲に6世帯しかない限界集落です。津池を訪れたのは6月の終わり。山全体がみずみずしく、集落の脇を冷たく透明な水が流れ、小さな田の付近ではニホンアマガエルのかわいい鳴き声が聞こえてきました。20代の頃、お隣の津南町に新造するキャンプ場のメディア製作のスタッフとして一年を通して関わったことがあり、この十日町を中心とするエリアの水や自然の豊かさを肌身で感じていました。暮らしに直結する病院や学校、商業施設も機能していて、食や文化の奥行きもある、バランスのとれた贅沢な地域なのです。

かつては京都・西陣と並ぶ織物の一大産地として栄えた十日町。ギルドハウスの建物は、戦前から蚕の絹織物が作られていた築100年を超える古民家を、発起人の西村治久（はるひさ）さん（45歳）ら第1期住人と、地元の人が協力してセルフリノベーションし、２０１５年5月にオープン。パーリー建築の活動は、この場所をリノベーションすることから始まりました。ギルドハウス十日町は、暮らしの空間をセミパブリックなスペースとして地域に開放する「住み開き」によって、店でも宿でもないこの場所に全国からたくさんの人が訪れています。住人はだいたい10名前後で、空きが出たら随時入居者を募集するシステムをとっています。

セルフビルドこそが建築だ

きっかけは、パーリー建築を立ち上げた宮原翔太郎さん（26歳）と西村さんが出会ったことでした。翔太郎さんは東京都出身で大学を卒業後、建築に興味があって専門学校で2年、建築やスペースデザインを学んだ建築家。西村さんは埼玉県出身で、東京と新潟のＩＴ企業に20年勤めたのち、旅するノマドワーカー型ウェブプランナーに。そんな、年代も経歴も違うふたりでしたが、同じ価値観や問題意識を持つ人たちは、不思議とどこかでつながるものです。

宮原さんは学校を卒業後、友人の誘いにより広島県尾道市で使われなくなった古民家をゲストハウスにリノベーションするのを手伝うことに。住み込みで地元の人たちと一緒に改修を行っているところに、全国を旅していた西村さんがやってきました。これからの社会について共通の思いを感じていたふたりは意気投合。いずれ開放型のシェアハウスを運営したいと考えていた西村さんは、「いい場所がみつかったら連絡するから、よかったら来て」と声をかけたそうです。

尾道から東京に戻った宮原さんのもとに、「渋谷の古い家を改装してくれる人を探している」との話が舞い込みます。「改装費はいらないかわりに住まわせてください」と依頼主に交渉。「どうせ住むなら、毎日誰かを呼んでパーティーできる場にしよう！」と、友人や興味を持ってくれた人を作業に巻き込みながら、自分たちの手で改修を進めていきました。「パーリー建築」の始まりです。

失われた「内なる自然」を取り戻す

パーリー建築は現在3人だと書きましたが、ふたり目の河合勇太朗さん（26歳）は、この渋谷の空き家プロジェクトに参加したことがきっかけでメンバーに。

彼は愛知県三河町出身で、当時は東京のCD・レコード販売会社で音楽プロデューサーの仕事をしていました。「面白いヤツがいる」と友人の誘いで、何の気なしに訪れた渋谷の空き家。そこでは、年齢も仕事もさまざまな人たちが集い、音楽を聴いたりコーヒーを飲んだりしながらコミュニケーションをし、みんなで楽しそうにセルフリノベーションを進めていた。「毎朝会社に行って、同じ人に会うことの繰り返し。そんな毎日でいいのだろうかと悶々としていたときだったので、音楽以外にも、こんなふうに人と何かをつくり上げながら新しい仲間をつくることができるのかと、とても新鮮に思いました」と河合さん。この体験がよほど衝撃的だったのでしょう。渋谷の家に行った翌日には4年勤めた会社を思い切って辞め、パーリー建築に加わることになりました。

3人目のメンバー山際一輝（かずき）さん（28歳）は、十日町の住人募集を知り、集まった初期住人6人のうちのひとりでした。山際さんは名古屋市で育ち、土の下にはどこにでもアスファルトがあると信じていたといいます。そんな自然から切り離された生き方への反動から「百姓になりたい」と思うように。「自分の手でつくり上げていくことで、身のまわりのものに対する想像力を得たかった」と山際さん。ギルドハウスに住み、手始めに裏山の畑で野菜づくりを始めます。そこで家の改修を担当している宮原さんと河合さんが実践している、できるだけお金を使わずに、廃材やいらなくなったものをうまく利用して暮らしをつくっていくライフスタイルに共鳴し、自分も一緒にやりたいと志願。こうしてパーリー建築は3人体制となったのです。

最高の仲間と出会うための中山間地域の旅

パーリーには、単に人が集まる場所というだけでなく、「違う立場の人が組んだら強い、というイメージもある」そうです。ロールプレイングゲームで戦闘や冒険をする仲間のことをパーティーということから発想したとのこと。

彼らが自分たちの得意分野によって明確な役割分担をしているのは、それぞれの特性を活かしながらチームとして強くなるための知恵なのかもしれません。宮原さんは活動のメインである建築担当。河合さんはエンターテインメント担当として、地域住民の人たちや都市部からやってくる人たちをつなぎ、みんなが楽しめる場づくり、イベント企画を行っています。「百姓になりたい」と言っていた山際さんは、農耕担当。耕作放棄地や空き地を借りて米や野菜をつくっています。これまでに、ギルドハウスの改修だけでなく、地域の人たちから依頼され、家の修繕やウッドデッキづくりなどさまざまな〝建築〟を行ってきました。

写真の「田んぼの教室」は地元の若手農家グループ「ちゃーはん」から頼まれて翔太郎さんが設計・制作したもの。田んぼの「田」の字をイメージした黒板がユニークです。ほかにも、もともと物置だったスペースをDVD観賞スペースに仕立てた「四畳半シネマ」や、屋上にソーラーシステムならぬ、天体観測ができそうなオープンエ

地元の若手農家グループ「ちゃーはん」からの依頼で、ウッドデッキ制作を手伝った「田んぼの教室」。翔太郎さんが設計・制作した黒板も置いてある。ここでは、田植え体験やランタンを灯してのナイトウォークなど、さまざまなイベントが催されている。（写真・高岡弘）

ア寝床を設けるなど、発想がとにかく破天荒！

僕は彼らに会いに十日町を訪れ、ギルドハウスをはじめ、彼らが手がけた〝建築〟を見てまわりましたが、野性的な独創性と規格外な雰囲気にワクワクしました。

パーリー建築のつくったものを見て触れてわかったのは、どれも「仲間」と楽しむための場づくりだということ。従来の建築家は「個」で活動していることが多いのですが、彼らはひとりでコツコツではなく、仲間たちとみんなで楽しみながらつくり上げていくことを大切にしています。その精神が「パーリー」の語源でもある、パーティーにつながっているわけですが、彼らにとってパーティーをすることは手段であって目的ではない。自分たちがひとつの船に乗って、中山間地域という海原を旅していくなかで、最高に心の通う、最強の乗組員（仲間）を増やしていきたい。それがパーリー建築の命題なのだと思います。

ですから、パーリー建築がつくる作品は、誰かを排除するようなものではない。みんながワクワクできて、「こんなのあり⁉」とクスッと笑えたりする、コミュニケーション力の高い建築物です。そう考えると、建築「物」というより、建築「行動」と言えるかもしれません。

彼らは旅をしながら、行く先々の地域の人たちからいらなくなったものや廃材を譲り受け、8~9割はそれだけでリノベーションしています。お金のかからない、エコロジカルな建築。それも、みんなを笑顔にする、人間味のある風合いがパーリー建築の特徴となっています。

「築健」——これは、河合さんがつくったパーリー建築のロゴに記されている二文字なのですが、彼らの個性をよく表しているなと思います。宮原さんは最初、「チクケンって間違ってるじゃん、しかも『建』じゃなくて『健』では字も違う」と思ったそうですが、あとから「僕らが建てているのは、建物じゃない。健やかな生活を築き上げているのかもしれない」と気づいたと話してくれました。

彼らは最初から建築家を目指していたわけではありません。「生きる」をどう面白くしていくか。それを自分たちだけで完結させずに、同じ価値観を共有できる仲間たちと一緒につくろうとしている。彼らにとっては、生きている時間軸そのものがパーティーなのでしょう。

地方にファンタジーを見出す若者たち

パーリー建築に出会ったのは2015年6月ですが、じつはその頃、僕はソーシャルの分野はもう飽和しているかもしれないと思っていました。『ソトコト』は東日本大震災後、2011年7月号からテーマを「ロハス」から「ソーシャル」へ移行したわけですが、それから約4年、各地で活躍するソーシャルリーダーたちを紹介し、一巡した感がありました。これ以上、記事をつくり続けていくと、逆に彼らを消費してしまうのではないか。要は、繰り返し同じ人が出ることになってしまうことへの危惧です。

ところが、パーリー建築を取材するにあたって、彼らがどんなつながりを持っているかSNS上で調べてみたところ、僕が想定していた人間関係とはまったく違っていて、いとしまシェアハウスの畠山千春さん（102頁）とも、リノベーションによるまちづくりを提案している嶋田洋平さん（らいおん建築事務所代表）とも当時は接点がありませんでした。そのときに気づいたのです。そうか、彼らはまちづくりや暮らしづくりをしているわけではないのだ。彼らが求めているのは、「ファンタジー」なのではないかと。

パーリー建築は、中山間地域の課題を解決するとか、何か目的があってそこにいるのではありません。ただ純粋に、地域やローカルにワクワクするような面白さがあるから逗留しているのです。

僕にとってこれはとても大きな気づきでした。これまで語られてきた「ソーシャル」

とはまた違った文脈で、いま、日本のローカルを〝発見〟し、自分たちの感じるままにつながりをつくっている世代が誕生しているのです。従来の価値観やライフスタイルにとらわれず、自分で自分の暮らしをつくっていこうという若い人たちの間で、山に囲まれた過疎地の里山や辺境の島々が注目されている。こうした動きは、２０１１年の震災以降、特に大きな流れになっていると思います。

パーリー建築は、もともとは宮原さんの問題意識から生まれたもの。彼が建築の世界に興味を持ったきっかけは、マンションやアパート、分譲住宅など、どこに誰が住んでいるのかわからない匿名性の高い建物ばかりの東京に対して、生身の人間の暮らしとしてそれでいいのかと疑問を抱いたことでした。人はそれぞれに個性があって生きているのだから、匿名性が尊重されるいまの社会はおかしい。ちゃんとお隣に誰が住んでいるかが見える社会のほうが安全だし、絶対に暮らしやすいはず。宮原さんはそう考え、使われなくなった廃材を利用して、リノベーションする行動に出たわけです。

つまりパーリー建築は、ソーシャルとエコロジカルという両方の価値観から誕生したわけですが、彼らの意識としては、それがソーシャルだからとか、エコだからという理由でやっているのではありません。もっとシンプルに、生きものとしての道理として、使われていないものがあるのだったらそれを利用したほうがいいだろうという発想。何しろ、彼らが好んで赴く山間には、廃材などの「余りもの」が山ほどあります。人によっては、「いらないもの」「ゴミ」でしかありませんが、パーリー建築にとっては、工夫しだいで使える材料であり、暮らしを楽しくする道具なのです。

仲間を大切にするワンピース型ヒーロー

パーリー建築は情報発信力にも長けていて、SNSを通じて、「こんなイベントをするので一緒に作業をしながら楽しみませんか」と告知したり、クラウドファンディングで資金を集めて、移動のための車を購入したりしています。

そうした呼びかけに対して、本当にたくさんの若い人たちが集まっているのは、彼らがつくってくれるものが、ドラえもんの四次元ポケットから出てくるような、めくるめく喜びの舞台であり、冒険あふれる物語だからなのでしょう。そのファンタジーが同世代の若者たちを惹きつけているのです。

ヒーローというと、強くて万能なイメージを抱きがちですが、パーリー建築の3人はそうした従来型のヒーロー像には当てはまりません。僕が取材をして感じたのは、みんなとても謙虚だということです。彼らが十日町の美佐島(みさしま)駅前で開いた月見音楽祭というイベントには、全国から３５０人以上が集まるのですが、それを自慢したり驕ったりするところはまったくありません。むしろ、地域の人たちとの関係を大切にし、細やかな配慮をしながらローカルで暮らすということをしている。

パーリー建築ほどの魅力的な人物であれば、もっと表に立って自分たちをアピールすればもっとヒーローになれるはずですが、彼らは絶対にそういうことはしません。常に移動をしながら暮らしている彼らは、ひとつの地域で何か大きなムーブメントを起こそうなどと考えているわけではありません。リノベーションしてほしいと頼まれた地域に行ってしばらくそこで暮らす、というのが彼らのライフスタイル。ひっぱりだこの彼らは、十日町を起点に、浅草や宮城県山元町のゲストハウス、若いお母さんたちのためのコミュニティスペースなど、全国のさまざまな物件をときに同時進行で手がけています。

気になる生活費についてですが、基本的に必要経費は除いて、リノベーションの工賃を施主からもらうことはなく、代わりに寝床と食べものの提供、そしてパーティの開催が交換条件なのだとか。工事の現場でイベントを開催したり、Ｔシャツを販売したりして収入を得ているそうです。それぞれの依頼先とビジネスライクなやりとりをするのではありません。せっかく地方に行くのだから、気の合う仲間を見つけて、楽しい暮らしがしたい。それがパーリー建築のいちばんの望みなのだと思います。

彼らが紡いでいるのは、マンガ『ワンピース』の世界観に通じるものがあります。主人公のルフィが海賊となり、魅力的な仲間たちとともに大海原を航海する冒険物語。ルフィは海賊としては何の取り柄もありません。でも、「海賊王になる!」という彼の夢に、集まった仲間たちがそれぞれの得意分野で能力を発揮し、ルフィを支え、夢の実現に向かって前進していきます。

ひとりの圧倒的なリーダーがみんなを引っ張っていくのではなく、共感できる仲間同士、それぞれの力を持ち寄ってみんなで何かをつくり上げるほうが楽しいし、充実している。そういう志向をパーリー建築のメンバーは持っていて、リーダー主導型のヒーローではありません。

これは、これから紹介するローカルヒーローたちに共通する点でもあります。みな社会や他世代との交流を願い、これからの暮らしの未来と課題を自分ごととしてとらえている、心の優しい現代の若者です。だから、同世代の若者たちから支持され、彼らのもとにみんなが集まってくるのでしょう。

僕は子どもの頃から釣りが好きで、いまも時間を見つけては息子と一緒に東北地方の川に出かけ、イワナを狙います。僕が釣り場として好む場所は、典型的な中山間地域で、深い緑に囲まれ、冷たくて透明な川が流れ、森を抜けると小さな集落があり、農業や林業などの一次産業で生計を立てる人々が暮らしています。そうした中山間地域を、パーリー建築の3人のように生きていく場として選択する若者が増えています。

僕自身、釣りをしながら、日本の原風景が広がるような里山や険しい渓谷、野生動物たちが棲息する森といった、都市生活者が置き去りにしてきた田舎にこそ、ワクワクするファンタジーが満ち溢れていると感じてきました。

地方志向の若者たちは、そうした価値観を再発見しているのでしょう。彼らは、日本人が経済成長のなかですっかり忘れてしまった中山間地域の、誰も使わなくなった土地や建物をもう一度見つめ直し、都会よりもこちらのほうに自分たちが望む暮らしがあるのかもしれないと感じた。若い人たちにとって、日本の山間部にあるものは外国ほど異文化ではないものの、目にするもの口にするものすべてが新鮮なはず。彼らからすると、自然豊かな風景はもちろん、朽ちかけたバラック小屋も使い込まれた鍬（くわ）や鎌（かま）も、そこで出会う地元のおじちゃんおばちゃんとの何気ない会話も、ぜんぶカッコいいし、超いいね！　という世界なのでしょう。

リーマン・ショックを経て、震災以降、みんなが自分の暮らしのあり方を見つめ直しました。スイッチを入れれば電気が使える当たり前の暮らしが、遠く離れた原子力発電所で地震や津波といった大きなリスクを抱えながら保たれていたこと。いつでもどこでも食べものが買えるはずだったコンビニエンスストアやスーパーが、ある日突然、お金を持って行っても何ひとつ買えなくなってしまったこと。その危険性や脆弱さを僕たちは身をもって体験しました。

日本の経済が低迷している時代に生まれ育ってきた若い世代にとって、お金という価値観と物質主義の象徴である都会はそれほど魅力的ではなくなってしまいました。そんな時代の変わり目に、いまの20代が日本のローカルを発見したわけです。彼らがいま、地域のなかで誰の真似でもない、自分の暮らしを自分の手でつくっている作業は、新しい日本地図をつくっているようなもの。

パーリー建築は、特にその最前線にいるような気がします。彼らはきっと、上の世代とはまったく異なる視点と意識でこの国の地方の未来と出会い、自分たちの居場所を見出しているのだと思います。

2　「縁」でつながる新しい移住のカタチ
——ペンターン女子（宮城県気仙沼市）

唐桑半島の人々とともに生きていきたい

２０１１年の冬、ひとりの大学生が東京から気仙沼市の唐桑町にやってきました。根岸えまさん。当時大学2年生の19歳。

宮城県の最北東側に位置する唐桑半島。複雑に入り組んだリアス式の美しい海岸線が特徴のこの地域は、太平洋に面して突き出ていることから、東日本大震災で津波の被害が甚大でした。彼女はボランティアでこの地を訪れ、地元の漁師さんの家で朝獲ってきたばかりの魚をご馳走になりながら、こんな話を聞きました。

「俺は震災で人間の汚さを見た。このまちの人間の嫌なところもたくさん見た。昨日まで仲間だと思っていた人が、突然変わってしまったこともあった。行方不明になった漁師仲間もいる。震災で俺はこのまちが大嫌いになったし、漁師をやめようと何度も思った」

涙ながらに、その悔しさを語ってくれる漁師さんに、彼女は聞きました。

「それでもなぜ、このまちで漁師を続けているのですか？」と。

漁師さんはこう答えました。

「俺には海しかないから」

「俺はこのまちに生かされ、このまちの漁師として生かされてきたから。だからこのまちの漁業を守らなければいけない。人に何と言われようが、自分が漁師としてこのまちの漁業を復活させなければ」

根岸さんは、この漁師さんの言葉に強い衝撃を受けたそうです。どん底から這い上がる人間の強さを感じるとともに、命と引き換えに仕事をしている人の凄さに価値観が一変したといいます。そして、新たな目標が生まれました。

「震災の被害を受けてどん底にいる人たちが、この漁師さんのように這い上がって、強く、前を向く日を一緒に迎えたい。自分にできることがあるなら力になりたい。このまちで、このまちの人たちと一緒に未来をつくっていきたい」

ある種の使命感に近い気持ちが芽生えた根岸さんは、２０１２年に大学を休学し、

1年間唐桑町に滞在。地元の若者を中心としたまちづくり団体「からくわ丸」の活動などに専念し、その後、復学・卒業を経て、２０１５年4月に移住しました。

彼女こそ、ここで紹介する「ペンターン女子」のリーダーです。

僕は、彼女たちのことを人づてに知りました。「若い女の子たちが大学を卒業してすぐに気仙沼の被災地に移住しているんですよ」と教わり、「名前は？」と尋ねると、

「ペンターン女子っていうんです！」

教えてくれた人まで、嬉しそうに言う。ペンターン女子、ワクワクする響きですよね。ターンは「移住」のことだとわかりましたが、「ペン」はどういう意味だろう、と調べてみると、ホームページがあり、半島を意味する「Peninsula」でした。

当時のメンバーは5人。根岸さんほか、佐々木美穂さん（24歳・兵庫県出身）、岡崎真弓さん（25歳・岡山県出身）、小町（こまち）香織さん（23歳・富山県出身）、内田祐生（さちを）さん（24歳・奈良県出身）。それぞれのプロフィールを見ると、異なる地で生まれ育った同世代の彼女たちは、東日本大震災をきっかけに唐桑町をボランティアで訪れ、それまで縁もゆかりもなかったこの地を好きになり、移住してきたと書かれていました。

こんな新しい世代が被災地の真ん中に移住し、自分たちでコミュニティをつくり、土地の人たちと一緒に地域をつくっていくことに関わっている。それは、唐桑の人た

ちにとって大きな希望であり、未来につながる歩みに違いありません。

みなさんは、まったく知らない土地で暮らすというと、どんなイメージを持たれますか？　まわりは知らない人ばかり。いちから人間関係をつくっていかねばなりません。最初は友人がひとりもいなくて寂しい思いをするかもしれません。仕事の心配もあります。僕自身、若かったら飛び込めたかもしれませんが、40代のいまはいろいろと考えて躊躇してしまいます。

でも、彼女たちはそうした移住に対する不安や思い込みを軽々と越えてしまいました。みんなほぼ大学を卒業と同時に、唐桑半島に入ってきています。彼女たちの意識には、東京に代表される都会志向がまったくありません。この傾向は、ペンターン女子に限らず、いまの20代に共通している価値観のように思います。

なぜ、都会志向より、地方に魅力を感じる若者が増えたのか。それはひとつに「関わりしろ」や「チャレンジしろ」が都会よりもずっとあるからでしょう。これまでの地方は、セカンドライフやスローライフを求める、シニア世代など比較的高めの年齢層が好む、ゆっくりと過ごすための選択地でした。

しかし、現在の地方は、東京のように生活のシステムに隙のないところは少なく、どちらかといえば、何を行うにしても、自分が関わらざるをえない状況のほうが多い場所です。これが、若い世代にとっては面白いのです。たとえるなら、ゲームのアプリをやらされている受動感よりも、自分で積極的に並べたドミノ倒しの倒れる行方にドキドキするようなもの。地方にまだ残っている仕事や暮らし、コミュニケーションへのざらざらした手応えとダイレクト感が心地よいのでしょう。若い人たちの「生きることへの出番」がしっかりあるということです。

ソーシャルネイティブという新世代

２０１５年の11月。「唐桑ごっつぉーフェア」という地域のお祭りが開催される日、メンバーの５人が集まると聞き、僕は唐桑町を訪れました。

彼女たちはお祭りの大事なスタッフであり、地元の伝統芸能「唐桑浜甚句（はまじんく）」の踊り手でもあるため、なかなかまとまった時間を取れずにいたのですが、そのなかでも何とかやりくりして、撮影するならあそこがいいとか、話を聞く場をセッティングしてくれたりとか、非常に細やかに対応してくれました。

特に印象的だったのは、彼女たちの優しさと明るさ。とびきりの笑顔で唐桑の人たちと接している姿を見て、彼女たちの笑顔が唐桑半島を明るく元気にしているに違いないと感じたのです。

地方を語るとき、枕詞のように、地方には人がいない、特に若者がいないとその地域は衰退するなどと言われますが、僕はそうは考えていません。こういう話を耳にするたび、ではいったいどれくらいいれば安心するのだろうと思ってしまう。1万人いたら満足するのでしょうか。5人ではダメなのでしょうか。ペンターン女子の5人が住んでいる唐桑半島は、どの地域より「人がいる」と言える。数の問題ではない時代に、人口ではなく、どんな人がいるかのほうが重要だと考えるからです。

地域のなかでどれだけ明るい笑い声が聞こえるか、子どもたちが幸せに暮らせるようにどんな取り組みが行われているか、そういうことを考えたとき、ペンターン女子の5人の存在は唐桑にとって非常に大きい。大学時代から教職に興味を持っていた岡崎さんは、移住後、唐桑町内の小学校の支援員として子どもたちを見守っています。内田さんはもともと子どもたちを月に一度、キャンプへ連れて行くボランティアとして地元の奈良から唐桑半島に通い、現在は市の嘱託員として働いています。ほかの3人も、唐桑の子どもたちから「○○お姉ちゃん」と名前で呼ばれて慕われています。

年配者からも大人気のペンターン女子。孫のようにかわいがられ、踊りを教わったり、漁師さんから獲れたての新鮮な魚介類をわけてもらったり。取材の日、根岸さんはもんぺ姿でやってきて、「地元のおばあちゃんがつくってくれたんです」と自慢してくれました。

彼女たちは、復興支援とか社会課題の解決といった意識で唐桑半島に移住したわけではありません。居心地がいいとか、人が温かいとか、自然が豊かだとか、純粋にこの地域を好きになり、それぞれが「縁」を感じ、移住を決めています。その自然体な感じが、この地域の人たちにとってよかったのでしょう。地元の暮らしに溶け込んでいる5人を見て、この場所に対してとてもいい作用をしていると感じました。

それでいて、彼女たちはソーシャルな価値観をしっかり持っています。佐々木さんは大学時代、ハンセン病の研究をするなかで、この地に有名なハンセン病の元患者がいたことを知っていて、ボランティア先に唐桑を選びました。教員を目指していた岡崎さんも、ボランティアで入った唐桑の人に被災体験を聞き、「このことを伝えてほしい」と言われ、教員になって子どもたちに伝えようと決心したとのこと。

内田さんもボランティアで初めて訪れた唐桑。2度目に来たとき、地元の人から「このあいだも来ていた祐生でしょ」と言われ、1回しか来ていないのに覚えてくれたんだ！　と感動。来るたびに「おかえり」と言ってもらえる嬉しさに縁を感じたといいます。

いちばん年下で最後に唐桑に移住した小町さんは、ボランティアではなく地元の漁師さんとの出会いがきっかけ。先に活動していたメンバーから「移住しない？」と誘われ、現在は地域支援員として地元と移住者をつなぐ役割を担っています。

それぞれの移住の決意を聞き、新しい世代のソーシャルプレーヤーたちが登場していることを実感しました。ひと世代前に「社会活動家」といわれた人たちは、「社会をよくしたい」という信念のもと、より大きな地球規模で社会全体をとらえて、そのなかで世界の貧困や格差、エネルギーや環境問題といったダイナミックな課題を探し、テーマに据える傾向が多く見てとれました。

でも、パーリー建築（42頁）もそうですが、ペンターン女子たちはもっと普通のこととして社会との関わりを持とうとしている。そこで、自分たちに何ができるかを当たり前に考え、自然体で行動している。そうした新世代のローカルヒーローたちを僕が「ソーシャルネイティブ」と呼ぶのはこのためです。

「ご縁」のある土地、人が移住の動機になる

もうひとつ移住の動機として彼女たちに共通しているのは、唐桑で本物の大人に出会えたことでしょう。唐桑半島の人たちは震災と津波の被害によってどん底を味わった。でも彼らはそこで絶望することなく、あきらめずに未来に向かって再び歩み始め

ています。そのたくましさ、人間が本来持っている底力に、５人は人としてあるべき姿を見ているのではないでしょうか。都会ではなかなか経験できない人間関係を築いているペンターン女子たちは、この土地に強い「縁」を感じているに違いありません。そして、同じ時期に、同じように縁を感じた同世代の仲間と出会えたことも大きかったでしょう。

未来は誰にでもあります。ただ、自分で欲しい未来をつくっていくのか、与えられた未来を生きるのかによって、人生はまったく変わってくる。ペンターン女子たちは、どこかの企業に就職し、会社が敷いたレールの上を走るよりも、気持ちを共有できる仲間と自分たちの手で未来をつくり上げていきたい。そう願ったから、同じ価値観を持った仲間が集まる唐桑半島に移り住んできたわけです。

みんなそれぞれに「縁」を感じたから移住してきた、という意味では「Roots（ルーツ）」の「Rターン」ともいえます。地縁や血縁ではない、新たなルーツ（縁）を探す人たちが、若い世代を中心に静かに広がってきているのを感じます。

じつは唐桑町には、震災後の5年で15人が移住してきています。人口約６３００人強の小さなまちにとって、この数字は希望であり、ペンターン女子は希望の担い手といえるでしょう。

彼女たちだけでなく、東北出身でない若者にとって、震災がなければ東北という地域と出会うことはなかったと思います。まして「縁」を感じるような機会もなかったでしょう。そういう意味で、分断された世代をつなげられる可能性がある20代前半のペンターン女子が唐桑半島に移住してきたことは大きな意味がある。これが40代だったり50代だったり、定年後の第二の人生にという世代だったら、次の未来を担う若い世代を呼び込むのはむずかしい。

本書で紹介するローカルヒーローは意識的に20代を中心に選びましたが、それはこの世代が持つ同世代に対する共感力や影響力の高さが地方によい変化をもたらすと考えているからです。

そういう意味でも、僕はペンターン女子の活動を楽しみに期待しています。20代半ばぐらいまでの年齢というのは、1歳違っただけでも大きい。彼女たちの活動はホームページやInstagramなどを通じて写真で見られるのですが、じつに生き生きとした笑顔で充実した日々を送っている様子が伝わってきます。彼女たちの同世代や少し下の後輩たちがこれを見たら、自分もこんなふうに生きてみたいと憧れるに違いありません。

地方で暮らすこと、働くことの魅力を20代の彼女たちがSNSなどで発信することによって、暮らしの拠点は何も東京や大阪、名古屋、博多といった都市にこだわる必要はないのだ、ということを見せてくれている。これは、どこでどんなふうに生きていきたいかを模索する人たち、特に「地方で生きる」ことを選択肢として考えている若い人たちにとって、非常に有益な情報です。

地方には家も仕事もたっぷりある

ペンターン女子の根岸さんと佐々木さん、小町さんは現在、かつて漁師さんが住んでいた古民家で共同生活を送っています。岡崎さんと内田さんも町内の一軒家をシェアハウス。住まい探しには苦労しなかったのでしょうか。

地方への移住という点で広く共通しているのが、住居の不足でしょう。実際は空き家が数多く見受けられるのに、貸してもらうことが難しい。よく「盆・暮れ・正月には都会に出て行った息子家族が帰ってくるから」「仏壇が置いてあるから」といった理由が挙げられるのですが、その傾向も行政や地域コーディネーター、また、最近ではローカルに軸足を置いた新しい形の不動産屋さんなどが開業して、徐々に解消しつつあるようです。

根岸さんたちは、マグロの豊漁に沸いた時代の漁師が、陸で待つ家族のために建てた「唐桑御殿」と呼ばれる立派な家屋を、行政を介して元・漁師の方より借りることができました。

生活するうえで住まいとともに重要なのが「仕事」。彼女たちはそれぞれに異なる仕事を持っています。半島移住のほかに、彼女たちにはもうひとつ共通項があります。それは、全員社会人1年目を、ここ唐桑町で経験しているということです。

佐々木さんは東京の企業に内定をもらっていたのを断っての唐桑暮らし。現在は、間伐や木質バイオマスを扱う会社で会社員として働いています。根岸さんはまちづくり団体「からくわ丸」の創立メンバーでもあり、現在は一般社団法人「まるオフィス」で、まちづくりや漁師のブランディングプロジェクトに携わっています。内田さんと小町さんも前述したように自治体の準職員として勤務。

「田舎には仕事がない」。これも地方でよく言われることですが、ただの思い込みです。実際、ペンターン女子の5人は、地域に根ざした働き口を自分たちで見つけ、あるいは自分で仕事をつくっています。「移住やUターンをしたいと考えているのですが、その土地に仕事があるのか不安でたまりません」という質問をトークイベントや講演でよく受けるのですが、それには常にこう答えています。

「安心してください。たっぷりとありますよ。それも、思いもよらないものばかりです。農作業、家の修繕、スナックのお手伝い、運動会のビデオの記録係、ホームページの作成、ちょっとしたデザイン、とにかくあなたが『若い』というだけで、たくさんの可能性を秘めた仕事の相談が降ってきます。そのくらい、地域に若い人でなければできない、やってもらいたい仕事があるのです」と。もしかしたら単体では稼ぎにならないかもしれません。それでも、合わせることである程度まとまった収入にはなります。本業と副業の重ね方次第で、地域の仕事は魅力的に広がっていきます。

つまり、ペンターン女子は、「地方は仕事がない。家探しも大変。閉鎖的で人間関係が煩わしい」という三大ネガティブ要素を、見事にひっくり返したのです。それも自然体で。彼女たちの魅力はナチュラルなところにあります。地域の人たちに笑顔と優しさをふりまいて、子どもからもお年寄りからも慕われる「まちのお姉さん」。それが僕のなかでいちばんぴったりくる表現です。彼女たちが唐桑半島にいる限り、この地域の未来は明るいと僕は信じています。

今秋、嬉しい報告をいただきました。岡崎さんと内田さんが結婚され、新たに４人のペンターン女子が仲間入りしたとのこと。パワーアップした彼女たちの活動にますます目が離せません。

3　ふるさとの味で「つくる人」と「食べる人」をつなぐ

――『四国食べる通信』編集長　ポン真鍋（香川県小豆島・高松市）

ローカルとグローバル、両方の視点が大事

地方やソーシャルの分野は、夢や希望に溢れています。それは、自分が関わって起きることがダイレクトに感じられ、大切な役割を果たしているという存在感を自己認識しやすいからかもしれません。そしてもうひとつ、3年後、5年後という近い未来をつくる行為を仲間やコミュニティで共有できる高揚感も理由に挙げられます。

ただ問題は、きちんと収益を上げて持続可能な経済のしくみができているところがまだまだ少ないことにあります。僕らメディアも含め、地域を元気にする担い手たちは、「地方が盛り上がってきた」「日本の田舎が面白い」とローカル視点では語れますが、続けていくため、稼ぎを生み出すためにはどうすればいいかという視点で語るこ

とができる人はあまりいません。それも、経済の専門家や研究者ではなく、地域の最前線で活躍しているソーシャルプレーヤーとなると、希少です。

そうしたなか、これからのローカルベンチャーを引っ張っていくリーダーとして期待しているのが、『四国食べる通信』編集長のポン真鍋（眞鍋邦大）さんです。

香川県高松市生まれの現在38歳。東京大学大学院修了後、リーマン・ブラザーズ証券入社。２００８年、世界を揺るがせたリーマン・ショックによる経営破綻を受けて退社し、２０１２年、香川県小豆島にUターン。株式会社４５９（ヨンゴキユウ）を立ち上げ、島の食材を生かしたポン菓子の実演販売などを経て（活動名のポンはここからきている）、２０１４年5月、『四国食べる通信』を創刊。

これがポンさんのプロフィールです。リーマン・ショックを社員として経験した彼は、グローバル経済の脆弱さを痛感。そのまま大企業や都市といった世界で成功する道もありましたが、生きる軸足を故郷の四国に移し、ソーシャル・アントレプレナーとして活動していく決意を固めます。そのときの想いを、Facebook を通じてほぼ毎日更新している「ポン真鍋新聞」でこう綴っています。

それまで勤めていた東京の会社を辞め「地域おこしを自分の生業（なりわい）とする」事と

「地元の為に汗をかく」事を決めました。この2つの前提がある中で「何が地域おこしとして最も効果的か?」を真剣に考えました。そこで出した結論がやっぱり「象徴的存在に切り込んで行く」事かなと。

香川県にとって瀬戸内海とそこに浮かぶ島々は切っても切り離せません。小豆島はオリーブの島として有名ですが、400年の歴史を持つ醤油や素麺などその他にもほんとに素晴らしい素材があります。また農村歌舞伎に代表される伝統文化や島に残る自然と風情は都会では絶対に手に入れる事の出来ない無形の資産です。第一次産業から第三次産業までの経済基盤を島内に備える点でも瀬戸内海を象徴する自立した島です。

ただ一方、少子化・高齢化・人口流出が止まらないと言う点では香川県の中でも先端エリアであることは紛れもない事実であり社会問題の縮図とも言えるでしょう。すなわち、小豆島は私にとって「象徴的な存在であると同時に社会問題の縮図」だったんです。だから、自分の活動を通して小豆島が少しでも活気づくのであれば、それは地元香川が活気づく事と同義だと思いますし、四国は島のサイズを何倍か大きくしただけ。究極的には島国日本です。小豆島での問題解決はいずれ汎用性を持って他の地域でも役立つ事例になるのではないかと考えての決断でした。

ローカルベンチャーを引っ張っていくリーダーとしてポンさんに期待する理由は、彼がグローバル企業に身を置き、金融の世界からマネー資本主義の実態を見てきた経験を経て、その限界や地方の可能性を考えている人だということ。ローカルの価値観とグローバルな視点の両方を併せ持つ人物が、これからの地方には絶対的に必要です。

地域産業の活性化に不可欠な「手仕事」の物語

地域おこしのゴールを「地域の人が、自分の住んでいる土地に誇りを持つこと。そのためには、外から見て『いいね！』と言われる場所を増やしていく必要がある」と考えるポンさん。そのツールとして選んだのが「食」でした。

彼は小豆島に移り住んで初めて「つくる人」と食卓を囲み、気づきます。

東京暮らしでは感じられなかった、つくり手の顔が見えることで得られる安心やぬくもり。それが心からの「おいしい」感動につながる。食べものは単なる消費物ではなく、人と人をつなぐ媒体であり、その土地の風土を伝え、人と土地をつなぐメディアでもあるのだと。農や食を通じた都市と地方の地道な交流こそが、都市の一極集中、地方の人口流出、過疎化、高齢化という日本の課題を解決するきっかけになるに違いない——。それが、『四国食べる通信』の創刊につながりました。

『食べる通信』は、岩手県議会議員だった高橋博之さんが2013年7月に創刊した『東北食べる通信』に始まり、北海道、山形、福島、築地、京都、兵庫、伊勢志摩、奈良、広島、四国、佐賀、沖縄……と、現在36地域にまでその輪が広がっています。

その土地の農業・漁業・畜産業といった生産者にフォーカスし、つくり手の想いと背景を情報誌で伝え、その人たちがつくる食材を一緒に届ける。それが『食べる通信』のしくみ。『四国食べる通信』は東北に次いで2番目に創刊され、現在約500部を発行。読者は東京圏が最も多く、次いで四国一円の地域、関西圏となっており、ポンさん流の言葉で「シマとマチとトカイをつなぐ」メディアとなっています。

彼は編集長として、生産者を取材し、漁師さんと船に乗ってカツオ漁を体験したり、土に触れ、農作業を手伝ったりするなかで、自分も手を動かし、汗を流しています。そこで強く感じたのは、自分たちの食を支える、こうした手仕事こそが最も大事にされるべきだということ。ところが、大量生産大量消費の時代の流れのなかで、ずっとないがしろにしてきてしまった。いまこそ、この価値観を取り戻すべきであり、「食」は重要なテーマである。それがポンさんの挑戦の原点にあります。

いまや大資本を抱える大手企業はどんどん業容を拡大しています。セブン&アイやイオンなどのプライベートブランド化、ネット販売強化などはその象徴で、規模の利益の原理のなかで拡大成長を追求する経済システムです。コスト競争の結果、モノが安く手に入るのは消費者としてはありがたいけれど、誰がつくったかがまったく見えない無機質なモノばかりに囲まれた生活は、人の心を満足させません。

やっぱり僕たちは、その対局にある「手間ひま」かけられたモノに魅力を感じ、つくり手の顔が見える安心感を求めるもの。だから、どんなに社会が「大資本」vs「手間ひま」に二極化したとしても、丹精込めてつくられたもののぬくもりや味わいに対する需要はなくならない。むしろ、スピードや量を競う時代ではない現在、誠実さや安心を求める「手間ひま」志向の人は今後さらに増えると思います。

信頼する生産者と消費者でつくる「仲間経済」

ポンさんは、一次産業に従事する人たちがもっと儲かるべきだと考えています。まっとうな生産者に、まっとうな消費者がつながれば、それが実現できる。そのための『四国食べる通信』でもあるのでしょう。

彼が面白いのは、そのターゲットに東京や中国などの大消費地を第一に考えていないことです。小豆島や四国と親和性の高い地域、たとえば、かつて船での往来があった京都、大阪、兵庫といった京阪神。そして、日本の食文化に興味を持っている親日の海外の人たち。モノを売るという発想ではなく、「送り届ける」気持ちで縁のある人に届けたいと言います。

「縁」でつながる経済のしくみ。それを彼は「仲間経済」という言葉で説明します。「買い手は自分の信頼する生産者や、信頼する仲間がすすめるモノを買う。贈り物をするときもそういうモノを贈る。つくり手は信頼できるお客をほかの信頼できるつくり手に紹介する。つまりお客もシェアし合う。これが僕の考える『仲間経済』です」

こうした小さな経済のしくみが各地にできれば、規模で利益を獲得する資本主義経済とは異なるローカル経済が成り立つ。ポンさんの予測に、僕は100%共感します。

実際、各地で「仲間経済」的な取り組みが生まれつつあるのです。たとえば、「西粟倉村・森の学校」の代表、牧大介さんが仕掛け人となり、岡山県西粟倉村で進められているローカルベンチャーによる地域経済（食堂や酒屋やオイルのセレクトストアや木工メーカーが起業して、お互いの商品を買い支えるなど）も、「仲間経済」の好例でしょう。あるいは、滋賀県長浜市木之本町の「冨田酒造」の蔵元・冨田泰伸さんが、友人の米農家のつくる酒米を積極的に採用したり、新しい木造の酒蔵の設計を地元の友人の建築家３人に依頼したりしているのも、とてもよいケースだと思います。

ポンさんが「仲間経済」の可能性を語る背景には、ソーシャルメディアの発達があります。マスの情報しか扱えなかった時代から、スモール、ローカル、パーソナルが発信力のあるメディアとして成立する時代になった。大量規格生産によって失われた個性や、その地域ならではの特性が見直されているいま、「仲間経済」が地域の伝統産業や小規模事業主、家族経営を支える力になると考えるからです。

大手企業が張り巡らせた物流システムと大量生産に頼った経済活動。それらがみんなの生活を支えてきたのは事実です。しかし、東日本大震災によって、被災地に食べものや生活物資などが届かないという問題が各地で起きました。

今日注文した商品がその日のうちや翌日に届けられる。そんな便利な世の中に生きている僕たちですが、３・１１を経験し、万一、その物流網が寸断された場合、最低限の食料や生活必需品すら確保できない危険性があることが浮き彫りになりました。

それでも、自分たちで畑を持っていたり、親戚や知人に農家がある田舎の人は、そこで獲れた野菜や米を食べて急場をしのぐことができるでしょう。災害時に食料不足に陥るリスクは、地方よりも東京などの都市部のほうが高いのです。

そうしたリスクヘッジの意味においても、「つくる人」と「食べる人」の距離を縮め、生産者と消費者が顔の見える関係をつくることはとても大切です。

新しい価値観がさらに成熟していったとき、ポンさんが提案する「仲間経済」ももっと広がっているに違いありません。小さな経済が小さなコミュニティになり、ソーシャルメディアの力によって物理的な距離が障壁にはならない時代。共通した想いが集まれば、「仲間」というつながりができる。ポンさんは、「人と人が出会うことで生まれる可能性は無限大」と言い、たくさんの人との出会いが人生に彩りを与え、自分の世界を何百倍にも広げてくれると考えます。

そして、ゆるやかな出会いの場をつくる

多くの出会いがもたらす「化学反応」によって、ポンさんの頭のなかでは新しいアイデアが次々と生まれ、すでに形になったものもあります。

そのひとつ、「四国食べる商店」は、「食べる通信のリアル店舗があったらいいね」の発想から生まれたもの。高松市にあるポンさんの実家を仲間たちとセルフリノベーションし、2015年4月にオープン。『食べる通信』の取材で出会った食材や調味料を販売し、食堂ではとれたての新鮮な野菜や四国の地場産品を使ったメニューが味わえます。また、「人が出会う場所になれば」との思いから「たまり場」の機能も果

たしています。実際、僕も伺いましたが、香川県産のヒノキ材を使った天井の高い店内には大きなテーブルがひとつ。この開かれた空間には、地域の人たちや生産者の方、東京などからも人が訪れ、ゆるやかな出会いの場になっています。

「場」をつくり、「コト」を起こし、「人」をつないできたポン真鍋さん。いつも熱く、エネルギッシュな彼が地域おこしに取り組むなかで体感した、ローカルの経済原則。それは、「テンションは最高のギフト」だということ。

「テンションは自分にその気があれば無尽蔵に湧いてくるもの。モノやカネは、どうしても多い少ないで判断されがちで、それは奪い合う構造にある。しかし、テンションは奪い合うことなく分け与えることができる。それだけではない。その熱量は周囲に伝播し、共鳴し、高め合える。つまりエネルギーに変わるんです！」

明晰な頭脳と、人を惹きつける熱い情熱を併せ持ったローカルヒーロー。そのテンションの高さでいろいろな地域と人を巻き込みながら、さらに小豆島、そして四国を面白く、元気にしていくに違いありません。

4　地域の「顔」を毎日発信。まちの記憶をアーカイブ

――下田写真部（静岡県下田市）

一眼レフを手にした「まちの編集者」たち

町と共にありたい。

大人になって、きらびやかなものや、洗練されたものを沢山知ったけど。下田にいると、ホッとするのはなぜだろう。あ～あと思うような看板が、可愛く思えるのはなぜだろう。そんなことを、ビールを飲みながら思いました。とりあえず、大好き、下田。今年も例大祭が楽しみです。

――佐藤　潤

この一文は、伊豆半島の先端に位置する下田市の魅力を写真で発信している「下田

写真部」のメンバーが、写真とともにFacebook に投稿したコメントです。

　伊豆下田は、開国の港町として知られ、海と海産物、温泉など、観光地としての魅力がたくさんありますが、写真にゆかりのあるまちであることはあまり知られていません。下田は、商業写真の開祖といわれる下岡蓮杖（れんじょう）の生誕の地。「下田写真部」は、この地元の偉人をリスペクトし、下田商工会議所の発案で始まった「下岡蓮杖プロジェクト」の一環として、２０１５年に生まれた活動です。

　写真好き、下田好きの20代〜40代が集まり、毎日「下田に暮らす人々とその暮らし」を写真で切り取り、Facebook 上で短い文章とともに発信しています。現在、メンバーは13名。下田出身者がほとんどで、商店や飲食店を営むほか、デザイナーや設計士などクリエイター、市役所職員も加わり、官民一体の活動を行っています。

　僕が「下田写真部」を知ったのは、「地域と写真」をテーマに活動する写真家のＭＯＴＯＫＯさんからの紹介でした。ＭＯＴＯＫＯさんは、こちらの「下田写真部」のメイン講師として招聘され、そのコンセプトや場の雰囲気をメンバーのみなさんとともにつくり上げていった重要人物です。

　下田にはプライベートで何度か訪れたことがあり、古い建物が残っていて、染め物屋さんとか鰹節屋さんとか、専門店がちらほら並んでいる。街中の商店がちゃんと生きている。いつか、このまちの若い人に会ってみたいなと思っていたのです。
「下田写真部の呼びかけで、下田のまちづくりについて話し合う集まりがあるので来ませんか」。MOTOKOさんから声をかけていただき、伺うと、一眼レフを手にした下田写真部のみなさんが笑顔で迎えてくれました。その姿を見た瞬間、自分が若い頃に愛読していた雑誌『POPEYE』の編集者みたいだ、と思った。80年代の『POPEYE』には、編集者たちが古いライカを首からぶら下げて写真を撮っているビジュアルが載っていて、それをパッと思い出したのです。ああ、彼らは「まちの編集者」なんだな。第一印象でそう感じました。

いまある町の姿を未来に伝える

写真を使った地域おこしはほかでも行われていて、MOTOKOさんとカメラメーカーのオリンパスやニコン、写真雑誌『PHaT PHOTO』が共同で取り組んでいるプロジェクトでは、香川県小豆島や長崎県東彼杵(ひがしそのぎ)町、滋賀県長浜市などがあります。

まちおこしとカメラは、じつに相性がいいものだと僕は考えています。それは、カメラを持つことによって自然と生まれる「まちの魅力を探す視点」にあります。ただ漫然とまちについて語ると、人はどうしても漠とした大きなイメージや、偏向的な論点からトピックを持ち出しがちです。ところが、カメラをのぞけば、よくも悪くもそこには地方のリアルがフラットに浮かび上がります。このリアルと対峙して、土地のよさや、自分なりの宝物を探す作業こそ、自分とまちの関係を静かに、ときにときめきながら棚卸ししていくことになるのです。ＭＯＴＯＫＯさんたちは「ローカルフォト」という言葉をテーマに、カメラを共通の軸としたコミュニティとプロジェクトをつくり出し、そのまちを自分ごととして愛する人々を着実に増やしていっています。

下田写真部の多くは、地元で生まれ育っています。これまで出逢ったローカルヒーローたちは、どちらかというとＵ・Ｉターンした若者が多かったのですが、下田写真部は少し大人世代。30代、40代の方もいて、歴史や食文化など自分のまちのことをよく知っています。また、ここで暮らしている人たちなので、地域のなかに知り合いも多く、「この染め物屋さんは僕の高校時代の先輩の店で、夏祭りで神輿（みこし）を担ぐ地元の若い衆たちが着る肉襦袢を染めているんですよ」などと教えてくれる。彼らはきっと普段から、下田に遊びに来てくれた人たちを、こうやって編集者的視点で案内しているのでしょう。そういう意味で、下田写真部はまちの案内人でもあるのですね。

彼らが見せてくれる下田は、観光地としてメディアで見かける下田とは全然違いました。観光客の視点では感じることができない、下田で暮らすことの楽しさや豊かさを伝えようとしている――。そんな印象を持ちました。

それは、彼らが切り取る写真にも現れていて、いい意味で下田らしくありません。「下田らしさ」といえば、観光都市としての一面を強く押し出したものに集中しがちです。青く美しい海と、リゾート感覚あふれる環境。少しアップデートしたものとしては、町の一角のレトロな雰囲気や歴史ある施設のたたずまいに頼った刹那的なノスタルジー。下田写真部の写真は、こういった既視感のある「下田らしさ」とは別のレイヤーでこのまちを見つけ、発信している気がしました。

彼らが切り取る下田は、風光明媚な美しい自然よりも、喫茶店の名物マスターや商店のおばさん、居酒屋の女将さん、干物屋さんが魚を天日干しにする風景など、メンバーが日常出会うシーンが多く、ここに暮らしていなければ撮れないような、少しだけざらっとしたリアルな写真が並んでいます。それらを眺めながら、下田写真部は未来を向いたまちづくりというより、いまある下田そのもの、熟成していくまちの姿を丁寧に切り取り、観光地としてではなく、暮らす場所としての下田のファンを増やそうとしているのだなと感じました。

民俗学者の宮本常一は『民俗学の旅』（講談社学術文庫）のなかで、「人びとの日々いとなまれている生活をもっとつぶさに見るべきではないだろうか」と書いていますが、下田写真部の取り組みは、宮本常一が目指した「市井の人々の営みを記録する」ことにほかなりません。そして、彼らが撮った下田の何気ないスナップは、ゆくゆくはまちの財産になるでしょう。そう考えると、下田写真部は現代の宮本常一的な役目を背負っているともいえます。

20代と70代が車座になって語り合う

そんなことを思いながら、下田のまちづくりについて語る集まりに参加したのですが、ここでドラマが起きました。

メンバーのひとりが経営する駅前の土産物店が会場で、集まったのは、写真部のみなさんが声を掛けた地元の人たち。若い人から70代の年配の方まで年齢はいろいろで、約50人が車座になって語り合いました。「下田に足りないものは何か」「ほかの地域はどんなことをしているのか」など活発な議論が交わされたのですが、なかなかまとまらずにいました。いろいろな世代が集まるなかで、「自分たちのまちをよくしたい」という気持ちは同じでも、その方向性ややり方は違うからです。

そこで、僕はこう提案しました。「まちづくりは、何もひとつでないといけない理由はありません。みんながバラバラに、いろいろなまちづくりに取り組むほうが賑わいがたくさんあっていいし、そのほうがお互いにぶつかることもないでしょうから」と。

そろそろ解散かなというタイミングだったのですが、そのとき、後ろのほうに座っていた20代半ばの若者が立ち上がって、こう発言してくれました。

「僕たちは生まれ育った下田が大好きです。だから今日は、地元の仲間と3人で来ました」と思っています。これからこのまちを盛り上げていきたいと思っています。

みんな驚いて後ろを振り返っていました。特に、お年寄りの方の驚きは大きかったでしょう。まちづくりの話に若者がわざわざ来るのか、と。

この会は、下田写真部のみんなが声をかけてくれた人たちが集まっていたのですが、彼らはまちのなかで世代が分断されている状況をどうにかしたいと思っていたのでしょう。これまで、20代から70代が一堂に会し、膝をつき合わせて自分たちのまちについて互いの意見を交換するような場所は、ほとんどなかったと思います。

ローカルヒーローとして下田写真部の特筆すべき点は、ここにあります。つまり、まちづくりの担い手として、自分たちより下の若手と、50代以降の上の世代をつなげる〝橋渡し役〟を果たしていること。20代、30代の若い人たちが地域に入ってこれからのまちづくりに関わる際、どうしても埋められない溝や、目に見えない壁が、まちづくりの先輩世代といえる50代、60代、70代（地域によっては80代、90代まで）との間にあったりします。経済やまちの発展と成長をいちばんの目標とした先輩世代にとって、金銭的価値に必ずしも直結しない、現代的なまちづくりにはクエスチョンマークが浮かぶのは当たり前のことです。

かつてのまちづくりは、東京をひとつの目標点として、かぎりなく都市化し、暮らしが便利になるか、お金が儲かるかが全体的な計画目標でした。広くて直線の道路をつくり、交通が便利になって、立派な公共施設や商業施設を造って、人の往来が頻繁になり、まちのにぎわいと雇用が創出される。およそ、このような考えです。

しかし、いまは違います。まちの小さな一角に、リノベーションしたスペースをつくり、カフェやコミュニティスペースなどにすれば、まちの内から外から、多様な世代が集まり、新たな出会いやきっかけを生み出す場所になる。それぞれの顔が見える、そのコミュニティの豊かな暮らしの表れ。けっして短期的に人を集め、お金を生み出す早い回転の施設ではありません。

「そんなお金も儲からない施設を造ってどうするの？」

先輩世代たちはこう思います。しかし、経済成長のみに頼ってまちの未来を見ることができた時代は過去のものになろうとしています。新しい未来の視座は、身の丈にあった、お金や消費ばかりに頼りすぎない、人と人がつながる穏やかで持続可能なまちづくり。よく、まちづくりのシンポジウムやワークショップなどが「このまちの未来を大切にしましょう」という耳ざわりのいい言葉で締めくくられることが多いのですが、これがトリッキーで、じつは20代、30代の考える「未来」と、先輩世代が求める「未来」は、同じ言葉ながら、まったく異なるものだったりします。この乖離が、じつは各地のまちづくりの課題なのです。

この課題をうまく解決に進め、価値観の相違を唯一和らげてくれるのが、30代後半から40代の人たちです。私もぴったりこの世代に入ります。この世代ができることは、ふたつの世代の調整役、つまりファシリテーターです。そもそも、人は、知らない人に対しては恐怖心や不安感、違和感を覚えるものです。それは世代間でも同じこと。だから、この「知らない怖さ」をなくし、近づける役割を果たす人や世代が必要なのです。お互いの期待する未来を嚙み砕いて翻訳し、論点を端的にまとめ、優しくうながす。一方的な結論には持っていかず、それぞれがお互いの立ち位置を理解し、距離を縮める役目を果たす。まちの未来を前進させるための、なめらかで最良のハブとして、とても大切な役柄です。

下田写真部がオーガナイズしたこの会では、結果的に、地元愛にあふれた3人の若者たちが「自分たちで下田を盛り上げたい」とサプライズの夢を語ってくれたことで、みんながひとつになりました。方向性が定まったわけではないけれど、まちのことを真剣に考えている人たちの存在は、下田の人たちにとって大きな励みになったに違いありません。熱意ある若者の存在は、地域の希望であり宝です。

世代を超えて、志を同じくする仲間がこのまちにいる。

下田の人たちがそう実感できる場をつくった下田写真部の功績は大きい。

彼らが日々、下田のまちを歩き、地元の人たちや観光客の話を聞きながら写真を撮っているのは、自分たちがメジャーになりたいわけではありません。写真を撮りながら彼らが伝えたいのは、下田のこれからをどうやってつくっていけばいいか、みんなで考えよう、ということなのだと思います。

下田写真部はまさに、まちの若者とベテラン世代をつなげ、そこから何かを起こしていこうという導火線のような役割を担い始めています。この夜、集まった人たちの心に点火した火種は、下田をどんなまちにしていくのでしょうか。

冒頭紹介した、写真部のメンバーが綴った「下田にいるとホッとする」「大好き、下田」のひと言。そんな素朴で素直な実感が、じつは、いちばんまちを元気にする導火線になると、僕は考えています。

5　地域の宝を発見するヒッチハイク女子
――たからさがし。吉永早佑梨・宮ヶ原真衣（熊本拠点）

観光ではなく、地域のありのままの生活に触れたい

ヒッチハイクをしながら、日本全国を旅して地域の〝宝〟を発見している女性ふたり組が熊本にいます。それが「たからさがし。」の吉永早佑梨（さゆり）さん（24歳）と、宮ヶ原（みやがはら）真衣さん（24歳）です。

ふたりは熊本大学の同級生。活動のきっかけは、就職活動の真っ只中のこと。留学する友人へのプレゼントを準備するため、ふたりで頻繁に会うなかで、就活や今後に対する漠然とした不安を話すうち、共通の悩みがあることに気づきます。その不安を振り払うように、「とりあえず、大学最後の夏休みを楽しもう！」とヒッチハイクの旅をすることに決めます。

宮ヶ原さんにとっては人生初の経験でしたが、吉永さんはヒッチハイクで日本一周を旅した強者。ふたりでどんな旅にしようかと話し合っていたなかで、お互いに「まちづくり」に興味があり、大学を卒業したら何らかの形で携わりたいと思っていることがわかりました。「人との出会いを楽しみながら旅をするのが、ヒッチハイクの醍醐味。ヒッチハイクなら地元の人からいろいろ教えてもらえるのでは」。そう考え、旅の手段にヒッチハイクを選んだそうです。

最初は、女の子ふたりでヒッチハイクをすることに不安もありました。治安のいい日本とはいえ、見ず知らずの人の車に乗せてもらうのですから、何があるかわかりません。そこでふたりは、肌を見せない服装に気を遣いました。一期一会の出会いを記録したいと運転手さんと一緒に写真を撮っていたことも、あとから思えばリスク回避になっていたかもしれません。

「たからさがし。」の活動を不安を持って見る方もいますが、その一方で、彼女たちの旅を丁寧に見守り、支え、「日本には優しい人がいっぱいいるんだよ」と、胸を張って言ってくれる人もいます。どちらの意見ももっともですが、ふたりにとって、ヒッチハイクという活動が、他人との新たな接点と理解をもたらしてくれたことに僕は意義があると感じます。

就職活動で飛び回っていた2014年の秋、初めてのヒッチハイク旅で福岡を訪問したのを皮切りに、2016年10月までに訪れた地域は13カ所。九州・中国地方が多いのですが、ときには長野や愛知、沖縄まで足を延ばしています。旅の頻度は、現在は2、3カ月に1回程度でひとつの旅はだいたい1～5日間。乗せてくれるのは、彼女たちと同世代のカップルや家族、出張途中の会社員、トラックの運転手さんなど。

そして、到着した目的地では、地元の人たちにとっては普通のものだけれど、彼女たちにとっては魅力的で新鮮なモノやことを探し、触れていきます。そう、その旅の行程は、まさに「宝探し」なのです。

大人が気づかない地域の宝を再発見

僕はFacebookを通じて彼女たちの活動を知ったのですが、大学を卒業したばかりの女性が、海外でもなく、東京でもなく、日本の地方にある何気ない風景や人々の暮らしを大切な「たからもの」ととらえているのがチャーミングで面白いと思いました。

「宝」というと、ラグジュアリーできらびやかなものを連想しがちですが、彼女たちは、海岸とか、夕陽とか、田んぼとか、古くから残る民家とか、日本の田舎に行けばごく普通に〝ある〟風景や流れる時間を、それこそが自分たちにとっての宝だと言っている。これは、いまの日本にとってとても大きな意味があります。なぜなら、地方で「自分のまちには何もない」と自信を失っている声がたくさん聞こえてくるなかで、新しい世代の人たちが、「日本のローカルには魅力的な宝がたくさんある」と発信してくれているのですから。

これまでも何度か触れてきましたが、地方に対するネガティブなイメージは、人口は多いほうがいいし、観光で人を呼べるような地域資源があったほうがいいという、従来の地方論から抜け出せていないことによるものです。でもそれは一面的に過ぎません。「たからさがし。」のふたりのように、誰も気に留めなかったようなものが若い人たちには輝いて見える。そう考えると、みなさんの地域にも、まだ気づかれていないかもしれないけれど、若い人たちの心を動かす宝が眠っているかもしれない。「たからさがし。」を筆頭に、若い世代が日本の地域を旅し、「こんな格好いいものを見つけた」「素敵な人たちと出会った」などと、ＳＮＳや口コミでどんどん発信している状況は、地域にとって何よりの希望です。

「日本のローカルにはファンタジーがある」とすでに述べました。「たからさがし。」のふたりにとっても、日本の地域は彼女たちが過ごしてきた都市とはまったく別世界に移るでしょう。

　中山間地域にしても、里山里海といわれている場所にしても、彼女たちのような感受性の高い世代が旅をすることで、経済優先の社会が肥大するなかで忘れ去られようとしていたものが、じつは僕ら日本人にとってかけがえのない大切な宝物だったということに、ようやく大人世代も気づきつつある。そのきっかけをつくってくれているのが、地方に魅力を見出している若い人たちの存在なのだと思います。

　若い世代が日本を再発見しているのは、ひとつに現在のまちづくりの中心世代との年齢差が大きいでしょう。50代から上の世代が地域の牽引役であることが多いため、育ってきた環境がまったく異なるいまの20代の視点と違っていて当然です。むしろ、上の世代のみなさんは、その視点の違いを楽しんだほうがいいと思います。47歳の僕自身、世代間ギャップは感じています。ただ、それを異質なものとして扱うのではなく、自分では気づけなかったり、発見できなかったりする価値を彼らが示してくれる。特に、地域の潜在的な宝に関しては、断然若い人のほうが見つけるのが上手です。

　地域に眠る宝探しのプロ。それが「たからさがし。」のふたりに代表される、ローカル志向の若者の特徴といえるのかもしれません。

人を見つける、居場所探しの旅

振り返ってみると、ヒッチハイクやバックパッカーのカルチャーは昔からありました。でも、いまの旅のスタイルとは大きく違う気がします。かつては、自分探しに海外へ向かう若者が多かった。旅という非日常の世界に身を置いて、自分自身と向き合うことで、本当の自分が見えてくる――。そんな期待を抱いて、バックパックを背負って国外へ飛び出す若者がたくさんいたのです。

時代は変わり、いまの若者たちにとって旅の目的は自分探しではありません。あえて言葉にするならば、「居場所探し」といえるかもしれません。東京を筆頭とした大都市での日常は、会社や学校と自宅との往復ばかりで、本当に心から落ち着き、他者とつながれる場所があまりありません。引っかかりどころがあって、自分がそのまちにすっと入っていけるような場所。そういった、生身の人間としての居場所を、都市を飛び出して、等身大の価値観がまだ残っている地方に求める旅が若い世代の間で熱く盛り上がっています。

自分探しではなく、居場所探し。それに加えて、「ディスカバー・ヒューマン」の側面もあると思います。これは、70年代にJRがまだ国鉄だった時代に行ったキャンペーン「ディスカバー・ジャパン」をもじってのキーワード。当時は、「日本を見つける」という旅のスタイルが流行りましたが、いまの若い人たちは、「人を見つける（出会う）」ためにローカルを目指しているのだと思います。

その意味で、「たからさがし。」のふたりがやっていることは「新しい民俗学」といえるのではないでしょうか。ところどころに表出している日常の機微を丁寧に発見し、その土地の多様性を新たな言葉で再発信する。まさに現代の民俗学のキーコンテンツとしてのフィールドワークでしょう。

吉永さんと宮ヶ原さんは、旅を重ねるなかで、自分たちが地域を訪ねる意味が見えてきたと言います。

「どの地方に行っても、地元の人たちはみんな『ここには何もない』と言うけれど、私たちからすると、目にするもの、触れるもの全部が感動したりワクワクしたりするワンダーランドです。だから、『ない』と言われると、『あるよ！』と、何に感動したかを伝えるようにしているんです。そうやって外からの視線で、地元の人が見えていなかった自分のまちの魅力に気づく。もしかしたら、それがまちづくりにつながるんじゃないかと思って」

彼女たちからこんな実感を聞かせてもらい、僕はまさにこれこそが地方創生じゃないかと感じました。言うなれば、国家戦略としての「大文字」の地方創生でなく、フィールドとしての日本各地から見えてくる「小文字」の地方創生。ふたりの女性が見つめた日本のよさです。

ふたりとも現在は、社会人としてそれぞれに職場を持ち、仕事をしながら、「たからさがし。」を続けています。僕はいまでもSNSを通じて、彼女たちの活動を追いかけているのですが、いろいろな地域に行って地元の人たちとのふれあいを楽しみ、美しい風景を前にただただ感動している様子を見ていると、自然と笑顔になります。

それは、彼女たちが日本のローカルを圧倒的に肯定しているからだと思います。「ない」ことを嘆くのではなく、「ある」ものの価値をより輝かせ、かけがえのない「宝物」として、僕たちに届けてくれる「たからさがし。」。

彼女たちが訪れたあとの地域、そして旅先で出会った人たちの心には、「ないものねだり」から、「あるものさがし」への小さくて優しい変化が起こっているかもしれません。

第3章 未来をつくる手ごたえ

1 エネルギー・食・仕事を自給する暮らしの提案
——いとしまシェアハウス　畠山千春（福岡県糸島市）

自分の暮らしを自分でつくりたい

「糸島が面白いことになっているらしい」

　そんな噂を聞いたことはありませんか？

　糸島とは福岡県糸島市のこと。福岡空港から直通電車を利用し1時間弱で到着する、美しい海と棚田の広がる里山がのぞめる自然豊かなまち。いま、ここ糸島が「移住したい町ナンバーワン」として注目を集め、サーファーやものづくりからデジタルコンテンツのクリエイター、農業の生産者などが全国から集まっています。

　僕が訪れたときも、移住者による魅力的なパン屋さんがオープンしていたり、市内の「ミツル醤油醸造元」の若き四代目・城慶典（じょうよしのり）さんがおいしい醤油造りに挑戦していたりと、ローカルの文化の盛り上がりをそこかしこで感じとれました。

そうしたムーブメントの中心にあるのが、畠山千春さん（30歳）が立ち上げた「いとしまシェアハウス」です。猟師でもある畠山さんは、このシェアハウスで一緒に暮らす仲間たちと、食べもの・仕事（お金）・エネルギーを自給する営みを実践。「自分の暮らしを自分でつくる」ことの大切さを僕たちに発信してくれています。

彼女の初の著書である『わたし、解体はじめました――狩猟女子の暮らしづくり』（2014年3月）を弊社（木楽舎）で刊行することになったのが出会いのきっかけでした。

彼女は東日本大震災を経験し、食べものやエネルギーなど暮らしの大事な要素を人任せにする（お金で買う）だけの生活が、いかに不安定で無責任なことかを痛感。

みなさんも経験したと思いますが、震災直後、関東圏では計画停電で電気が止まり、流通がストップしてスーパーやコンビニでものが買えなかったりしましたよね。畠山さんも当時横浜でひとり暮らしをしていて、そうした不便を経験し、都会の暮らしの脆弱さに怖くなったと言います。これは僕の感覚ですが、身の危険を察知するのは、男性よりも女性のほうが敏感な気がします。子どもを産み育てる性だから本能が反応するのかもしれませんね。

いずれにせよ、彼女は自分の暮らしは自分でつくらなければと思い立った。パートナーの志田浩一さんと、とにかく暮らしの拠点を探そうと九州に通ううち、糸島の豊かな自然に惹かれ、毎週のように足を運ぶように。あるとき、一軒の古民家を見つけます。それが、のちにいとしまシェアハウスとなる家です。

2013年5月、ふたりでここ糸島に移住し、暮らしづくりの手始めにいちばん身近な「食」を見直すことから始めました。畠山さんが特に関心を抱いたのは、「肉」です。

「改めて考えてみたら、パックに入ったお肉は全部、生きていた動物を人間が食べるために殺しているわけですよね。でも、そのことを想像できる人ってそう多くないのではないでしょうか。なぜなら、お肉になるまでの過程が見えにくくなっているから。自分の手で暮らしをつくるには、まず、自分が食べるものに自覚的でなければ。パックの肉を買ってくるのではなく、自分の手で生きている動物を解体する。そうやってきちんと命と向き合いたいと思ったんです」

畠山さんは、肉の解体を始めたきっかけをそう話してくれました。

鶏や猪などの動物を解体するうち、彼女の関心はどんどん深まっていきます。自ら山に入って獣を仕留めるところまで徹底したいと思うようになり、狩猟免許を取得。

「自分で解体した肉以外食べない」と決めて、それを現在も実践しています。

そして、狩りをし、動物を解体する様子を含め、日々の暮らしを写真と文章で綴る「ちはるの森」というブログを公開しています。

みずから手がけた屠殺の様子をブログで描写することに対して、「残酷だ」「狂気だ」などと非難され、大炎上したこともありました。それに対して、彼女はブログでこうコメントしています。

こうして動物を殺すことを、表に出すべきことじゃないという人もいます。そういう考えもあると思います。わざわざ動物を殺すところを見たいなんて人も、そんなにいないと思いますし。

それでも。それにしても、隠されすぎてると思うんです。あんまりにも。

食べものが食卓にやってくる過程が見えなすぎるから、その先が想像できなくて、食事に感謝できなかったり、食糧を無駄にしたりすることが普通になっていて。

だからこそ、包み隠さず伝えたいという気持ちが強いのかもしれません。オブラートに包むような表現をするのも、あんまりしたくありません。だってこれが事実だから。

生きることは、もっと生々しいことだと思っています。

（「ちはるの森」２０１３年11月15日より）

僕はもともとアウトドアや釣り、環境問題をテーマにした雑誌づくりに長く関わってきたので、人間の営みというよりも、広く生きものの営みとして社会を見る癖がついています。すべてが地球の絶妙なシステムのなかで存在していて、食べるという行為は、そもそもが命の循環。そう思い、日本各地の生産者さんともお会いしてきたので、この畠山さんの「食べるということ」についての疑問という信念はしっくりきました。

畠山さんの本を出版することが決まると、彼女がわざわざ糸島から東京の会社まで来てくれました。

「おみやげ、持ってきました」

と差し出されたのが、なんとアナグマの生ハム。彼女が自分で獲り、解体してつくったものでした。黒髪で瞳のぱっちりと大きな畠山さんは、山や森、海と自然体で共生できる人、そんな印象をまずこの初対面のときに持ちました（僕は縄文的なものにそこはかとなく憧れているので、そういった雰囲気が畠山さんの現代性に見え隠れしているところにも興味を惹かれたのだと思います)。

アナグマで心を奪われた僕ですが、もちろん編集者としての嗅覚が彼女の生き方や考え方に刺激されたのも事実です。

彼女は、自分の力で暮らしをつくりたいという純粋な思いから狩猟免許を取りました。そして、誰の影響を受けるでもなく、自分の言葉で発信している。それに、埼玉県生まれの彼女は、千葉や横浜にも住んだことがあり、都会のバランスも持っています。こういう人の言葉は、同じように自分の暮らしを自分でつくりたいと考えている人、特に彼女と同世代の若い人たちにきっと届くに違いない——。出版を決めたとき、そんな確信が僕にはありました。

結果、畠山さんの本はまたたく間に重版となり、ジャーナリストの佐々木俊尚さんや作家の小川糸さんたちが絶賛してくれ、大きな話題となりました。また、数あるライフスタイル誌、女性誌が、畠山さんのこの本を評価とともに取り上げてくれました。

表参道で出版記念のトークイベントを開いたところ、100人を超す若い人たちが来場し、畠山さんの話を真剣に聞き入ってくれたことが印象的でした。参加してくれた若いカップルが、「畠山さんのように、自分の暮らしを自分でつくってみたいんです」

と発言してくれたことに、社会の変化を強く感じました。

暮らしづくりの過程を公開したパイオニア

古民家を改築したいとしまシェアハウスには現在、発起人の畠山さんとパートナーの志田さんのほか、福岡県内外からやってきた男女8人が同居しています。

前述したように、「食べもの・仕事（お金）・エネルギーを自給する」が彼らの暮らしのコンセプト。それに、畠山さんの根っこにある「自分で自分の暮らしをつくる」。こうした考えや生活のあり方に共感し、実践できるメンバーが集まりました。

まずは食べもの。「お肉を食べるなら、自分たちで解体したもので」という信条の畠山さんのもとに集まったメンバーはみな、ゆるベジタリアン。食卓に肉が並ぶことはあまりなく、猟師である畠山さんと志田さんが鶏を絞めたり猪などを仕留めて解体したときだけ、たまに並びます。野菜は、家の近くに畑を借り、みんなでつくっています。調理はそのときにいるメンバー全員で自炊。買うのはお米や調味料くらいで、食費は、ひと月に1人あたり3000円程度で済んでしまうそう。

次に仕事。畠山さんはいとしまシェアハウスの広報および執筆、そして近隣のシェアスペースのスタッフとしても働き、志田さんは料理人であり大工でもあります。いわゆる〝勤め人〟はあまりおらず、造り酒屋で働く蔵人や整体師、翻訳家など、手に職を持つメンバーが多く住んでいます。

それぞれにナリワイは異なりますが、「仕事（お金）を自給する」を目指す彼らは、自分の持っているスキルを生かして自宅で稼ぐことを心がけています。月に一度、いとしまシェアハウスで開催しているマルシェやワークショップなどのイベントを中心に、それぞれのスキルを提供し対価を得ているそう。料理人の志田さんが料理教室をしたり、カフェ経験者がおいしいコーヒーの淹れ方ワークショップをしたり。畠山さんは〝新米猟師〟として解体ワークショップを行うことも。

得意なことや経験を生かし、全員がきちんと仕事につなげているのは素晴らしいですね。まさに「仕事（お金）を自給」しているのですから。ひとりで自給自足の暮らしをつくろうとすると何もかも自分でやらなければならないので大変ですが、彼らの暮らし方を見ていると、みんなが得意分野を持ち寄って、うまく支え合っているから続けられるのだろうという気がします。

最後のエネルギーについて。シェアハウスにはテレビやエアコンがありません。照明も必要最小限に留めています。ケイタイやパソコンはみんなでつくったソーラーパネルで充電。電気の自給のはじめの一歩を踏み出しました。

また、糸島の冬はかなり冷え込むので暖房は必須。以前は石油ストーブを使っていましたが、いまはよりお金のかからない韓国式の自然床下暖房「オンドル」を導入。このように、ふだんから節電を心がけ、ひと月の電気代は1万円程度、1人あたり約1300円と、食費同様破格に安く抑えられています。ちなみに、山の湧き水をお隣の家と共同で使っているため、水道代はゼロ円！

畠山さんはじめ、糸島に来る前は一般的な都市暮らしを送っていたシェアハウスのメンバー。「自分の暮らしを自分でつくる」を試行錯誤しながら実践するうち、どんどんそのスキルは鍛えられ、いまや暮らしの達人と呼べるまでに成長しています。

僕が面白いと思ったのは、彼らの暮らしに憧れ、自分もそういう生き方をしたい、古民家を使って何かやってみたいと考える若い人たちが、いとしまシェアハウスにたくさん訪れていること。つまり、畠山さんの暮らしづくりが、地方で新しい取り組みをしようとしている若い人たちの感性に伝播し、同じような価値観を持った人たちのお手本になっているのです。それは、東京を素通りして、新しいカルチャーが九州の一角から生まれていることを示しています。糸島だけでなく、山梨や長野、奈良でもそうした新しい胎動を僕は取材を通じて見てきました。

カルチャーは東京から生まれるとは限らない。地方にも学ぶことはたくさんある。

みんながそう気づくためには、いとしまシェアハウスくらい強い発信力のある場所がローカルに必要だと常々考えてきたので、いい流れができてきたなと見ています。

非常によかったのは、いとしまシェアハウスが誰にでも開かれた存在であること。従来の移住スタイルでは、古民家をシェアハウスにして、できるだけ自給自足の暮らしを目指すといっても、その暮らしを公開することはありませんでした。

ローカルヒーローとして畠山さんが優れているのは、それをオープンにしたところにあります。「どんどん来てください。みんなでシェアしましょう。みんなでつながって、もっと面白い形にしていきましょう」というのが彼女のスタイル。完成形ではない、発展進行形の暮らしにみな刺激を受けているのでしょう。そういう意味で彼女は、暮らしづくりの過程を公開し、情報を発信しながら、みんなと「暮らし」をシェアしているパイオニアといえます。

狩猟、DIY、リノベーションにハマる若者たち

僕は畠山さんと一緒に何度かトークイベントをしたことがあるのですが、いつも本当にたくさんの若者が集まります。前述したように、東京の表参道で行った『わたし、解体はじめました』の出版記念トークイベントには、普通に原宿や表参道を歩いてい

そうなオシャレでカラフルな若い人たちが話を聞きに来てくれた。

僕はびっくりして、参加者の人たちに「このイベントに来た理由は何ですか？」と聞いてみました。すると、「畠山さんたちのいとしまシェアハウスの暮らしが素敵なので、自分でもやってみたいんですよ」と、東京に住んでいる若いカップルが瞳を輝かせながら教えてくれる。それもひとりだけでなく、何人もの人たちが。僕は彼らの声を聞いて、畠山さんは、これからの時代を豊かに生きるうえで必要な「暮らしの価値観」を伝えてくれているんだなと感じました。

僕の感覚的な歴史年表では２０１３年から２０１４年にかけて、ＤＩＹやリノベーションのブームが起きたのですが、彼女の取り組みやいとしまシェアハウスが注目されたのも同時期。おそらく、東日本大震災を経験し、畠山さんと同じように、自分たちがいかに暮らしを〝自分ごと〟にできていなかったかを痛感した人たちが、暮らしを自分の手で取り戻したい、という意識に変わった。

そして、自分たちと同世代の、同じように都会暮らしをしていた普通の女の子が、「自分の暮らしは自分でつくりたい」と思い立ち、実際にそれをやってのけた。その暮らしぶりを公開することで、若い人たちに「暮らしというのは自分でつくれるものなんだ！」と気づかせたことは大きな功績だと思います。

もうひとつ。畠山さんが新米猟師として解体ワークショップをしたり、猟の様子をブログで発信したりすることで、女性の狩猟免許取得者がグンと増えたこと。〝狩猟女子〟なる言葉も生まれたくらい、ひとつのブームをつくりました。

彼女たちは、自分たちが食べているものがどうやって食卓にあがるかということをきちんと理解したい、生きものの命をいただいている自覚を持ちたいといった、生きる根源に近いところに強い関心を持っている人たちです。

これまで、潜在的にそういう欲求を持っていた人は少なくなかったなかで、畠山さんが起こしたアクションは大きかった。彼女の『わたし、解体はじめました』も、2008年に出版された千松信也さんの『ぼくは猟師になった』も、若い世代を中心に広く読者を獲得しました。その背景には、やはり「自分の手で自分の暮らしをつくりたい」と考える人たちがそれだけ多くいたことがあります。

発信力もローカルヒーローの資質

それだけではありません。彼女は人に何かを伝える能力が非常に長けている。発信力のあるヒーローです。どんなに同じ価値観の人が多かったとしても、その人たちの心に響かなければこれだけ広く影響を与えることにはならなかったでしょう。

発信力があるということは、文章が上手というのとは少し違います。語彙が豊富とか巧みな構成とか、そういうことではなく、自分の言葉を持っているということです。伝えたいことを広く届かせようとすると、声だけでは限界があります。文字にして、活字メディアやＳＮＳといったツールを使って伝播させていくことが必要になる。彼女はおそらくそれを自覚していて、他人に伝えるための努力をしているのだと思います。

また、素質としても、人に伝わる言葉づかいを持っている。彼女の文章を読むとよくわかります。特徴的なのは、ひらがなを多用しながら、親しい友人に語りかけるように綴っていること。その文体は、たぶん、本人をまったく知らない人が読んでも、親しみや共感を得られると思います。

物事の感じ方や考え方は、人それぞれ違うわけですが、畠山さんというひとりの女性が綴る文章を読んでいると、不思議とスッと頭に入っていきます。それも、深い共感をともなうから不思議です。そして、彼女のブログや本の読者の多くは、僕と同じ感想を持つようです。

実際、「畠山さんの記事を見て、鶏の解体ワークショップに参加してみました」「私も、生きるということについて、しみじみ考えさせられました」と、広い形で読者のみなさんに影響を与えています。

彼女の言葉が多くの人に圧倒的な共感を与えるのは、それだけ畠山さんが純粋に、真面目に「命」と向き合い、生きることの根源を悩み苦しみながらも、手探りで探求している生身の姿を僕たちに伝えてくれているからなのでしょう。

彼女の生きざまには、新しい未来を素手でつくっている、町おこしならぬ〝時代おこし〟を感じます。

「考え続けることが、命と向き合うこと」

解体や狩猟を通じて、そう感じていると語ってくれた畠山さん。これからも、自分で動いて、触れて、見て、感じて、考え続けるなかで、暮らしを築き上げていくでしょう。自分で自分の暮らしをつくりたい、そう希求する仲間たちを増やしながら。

2　「幸福な過疎地」のロールモデルを目指す

——十日町市地域おこし実行委員会　多田朋孔（新潟県十日町市）

グローバル経済の危うさを経験して

「奇跡の限界集落」と呼ばれる地域が新潟県十日町市にあります。市の北東部、飛渡（とびたり）地区にある池谷（いけたに）集落。パーリー建築が拠点としている津池からは国道117号と252号を経由してクルマで30分ほど北にいった、山深く、静かな場所です。

ここも津池同様、全国でも有数の豪雪地帯です。昭和30年代は170人以上が農林業で生計を立てて暮らしていましたが、高度経済成長とともに人口が流出。さらに2004年10月の新潟県中越地震で大きな被害を受けたことを機に、当時8世帯だった集落が6世帯になり、人口はわずか13人にまで落ち込んでしまいます。人口の半数以上が65歳の「限界集落」となり、「村を続けていくのは難しいかもしれない……」。残った人々は、自分たちの集落のこれからについて大きな不安を抱いていました。

そうしたなか、ＮＧＯやＮＰＯ、市民団体などの若者がボランティアとして次々に応援に駆けつけると、集落の人々の意識も前向きに。「村を立て直そうと頑張ってくれる人たちがこんなにいるのだから、集落は存続させねば！」と住民みんなが奮起し、徐々に活力を取り戻していきます。その後、「ここで暮らしたい」という希望者が現れるようになり、６世帯13人から８世帯18人に増え、限界集落を脱することに成功。さらに現在は、11世帯24人が暮らし、「日本の過疎地の成功モデル」を目指して、さまざまな取り組みを行っています。

その「奇跡」の中心にいるのが、ＮＰＯ法人「十日町市地域おこし実行委員会」の事務局長の多田朋孔（ともよし）さん（38歳）です。大阪出身の多田さんが、池谷集落と出会ったのは、稲作ワークショップに参加したときのこと。この集落で復興支援や集落再生の活動をしていた国際ＮＧＯのＪＥＮが企画したイベントでした。

彼には「京都大学応援団・第44代団長」という立派な経歴があります。卒業後、コンサルティング会社に入社し、福岡や大阪で深夜まで仕事漬けのハードワークの日々を５年送ります。その後、東京で人材育成や組織開発の仕事をしていたとき、勤めていた会社のクライアントがリーマン・ショックの影響を受けるのを見ました。

「地球の裏側で起きた一証券会社の破綻が、なぜ世界中を危機に陥れるのか。このまいまの社会や経済のシステムに乗っかっていては危ういのではないか」

多田さんは、危機意識をもってそう感じたそうです。

池谷集落での稲作ワークショップに参加したのも、貨幣中心の経済のあり方に行き詰まりを感じ、自給自足や農業に興味を抱くようになったからでした。大阪の都市部で育った多田さんが出会ったのは、美しい棚田とそこに暮らす人々の温かさ。通うにつれ、その風景がますます多田さんの心に大きく広がっていったようです。

なぜ十日町市は「地域おこし協力隊」定住率日本一なのか

じつは、この池谷集落にはもうひとつの注目すべき点があります。それは、この集落が「地域おこし協力隊」の制度ができた2009年度から、協力隊を先駆的に受け入れていることです。

多田さんが奥さんと当時2歳の息子さんとともに協力隊として池谷集落に移住したのは2010年2月。初めて訪れたときから約9カ月後のことです。

地域おこし協力隊とは、人口減少や高齢化が進む地方に、その地域以外の人材を送り込み、さまざまな地域協力活動を行うことによって活性化を図ろうという制度。初年度の2009年度は89人でしたが、2016年現在、全国で2600人以上が活躍しています。任期はおおむね1年から3年程度ですが、任期終了後、約6割の人がそのままその地域に定住しており、さらにその2割が起業しています。その意味では、地域おこし協力隊は安定期に入ったといえます。十日町市が全国に先んじて地域おこし協力隊を導入したのは、中越地震で若い人たちがボランティアでたくさん来てくれたことで地域に元気が戻ったという経験があったからなのでしょう。

池谷集落に農業体験や村おこしボランティアで何度か通っていた多田さんは、十日町地域おこし実行委員会の代表理事を務める山本浩史さんと出会い、彼の言葉に心を動かされたそうです。

「限界集落はいま全国に1万以上ある。このままいけばほとんどが消滅してしまうだろう。でも、池谷が外から人を受け入れて存続できたら、全国の集落にとっても大きな希望になるに違いない」

多田さんは、6世帯13人の小さな集落で、過疎や一次産業など日本の中山間地域が抱える問題に本気で立ち向かっている人たちがここにはいる、と感銘を受け、十日町市で募集が始まっていた「地域おこし協力隊」に応募したのでした。

僕が彼のことを知ったのは、地域おこし協力隊について調べているとき、この十日町が協力隊の任期後の定住率が全国で最も高かったことからです。前述したように、平均は60％程度ですが、ここはなんと72％。現在、多田さんを含む元隊員24人と、その家族25人を合わせ、49人が定住しているというから驚きです。

これこそがまさに「奇跡」ではないでしょうか。僕は、なぜこの集落が消滅の危機を脱出できたのか、実際に訪れて自分の目で確認したいと思っていました。何より、多田さんは歴史ある京都の大学でリアルに「応援団長」を務めた方。中山間地域を盛り上げる人物として、これ以上ふさわしい経歴はないでしょう。このあたりは、僕の雑誌編集者としての視点と好奇心が動かされたところかもしれません。多田さんがどうやって池谷集落を応援しているのか。その手法を見てみたいと思いました。

池谷集落は全国でも有数の豪雪地帯ですから、行くなら真冬のいちばん厳しい時期がふさわしいと思い、1月に伺いました。

朝の10時に池谷集落に伺ったのですが、新幹線と在来線を使って東京から2時間ちょっと。「意外と近いんだな」と思ったことをよく覚えています。その後、僕は年に複数回は十日町を訪れ、たくさんの魅力的な若い人たちと会ってきました。そのなかで感じたのは、この地域に惹かれる若者たちにとって、東京から近いことが大きな安心感につながっているのだろうということです。

かつて、地方を目指す人たちは、東京的なものに対しての対抗心であったり、違和感を持つ場合が多くありました。ところが、いま地方に移住し、暮らす若者たちは、別に東京が嫌いなわけではありません。むしろ、東京の文化や価値観も好んだうえで、地方での生活を楽しんでいます。月に1回くらいは東京で買い物をしたり、仲間と食事をしたり、首都圏在住のご家族に会いに行ったり。そういった意味で、十日町は非常に恵まれた地方と言えるでしょう。

十日町駅からタクシーに乗って到着した池谷集落は、こんこんと降り続ける雪に包まれた静かな場所でした。雪は音を吸収するので、一面がしーんと、静かです。それでいて、何だかやわらかく、優しい。形容詞が続きましたが、それが僕の初めて訪れた池谷集落の第一印象です。ときおり、ジョウビタキなどの冬の鳥の鳴き声が木立から聞こえてきます。「美しいなあ！」と、思わず笑顔になってしまいました。

十日町市地域おこし実行委員会の事務所の入っている「やまのまなびや」の玄関で私たち取材チームを出迎えてくれた多田さんは、きりっとした強い表情が印象的でした。ものごとを常に真摯にとらえているまなざしに、これまでさまざまな判断を続けてきたリーダー性を感じたことを覚えています。

5年後の集落の未来をみんなで描く

多田さんは地域おこし協力隊として移住する前から池谷集落での取り組みの手伝いをしてきました。その経験から、かつてコンサルティング会社や人材開発会社で働いていたときとはまったく価値観の違う、循環型の社会やその人間関係の可能性に手ごたえを感じたといいます。

「もし、東京を起点としたグローバル経済が機能不全に陥ったとしたら、食料や水などが途絶え、都市の生活は成り立たなくなる可能性がある。そうした都会の危機にバックアップできるコミュニティをつくることで、サブシステムとして地域で循環型の経済がうまく回っていれば、都市と地方をつなぐ新しい関係性ができるのではないか。池谷集落にはそうした体制を整えられる可能性があると感じたのです」

休校になった分校の校舎を利用した同委員会の事務所で、彼はそういう話をしてくれました。

多田さんが協力隊として着任後すぐに行ったのは、集落の人々と将来のビジョンを出し合うワークショップ。多田さんは前職で培った能力を生かし、ファシリテーター役となり、住民のみなさんにこう語りかけました。

「5年後の未来について話しましょう」と。

震災から5年間の復興支援や地域おこしの取組みのなかで、集落では何とかして後継者を受け入れて集落を存続させたいという方針が打ち立てられていました。そこからさらに具体的にイメージの湧く形で、都会から応援に来てくれている人達も含めて共通の認識を持ってもらいたいと考えてのワークショップでした。

「法人化したい」「池谷分校の体育館を交流施設にしたい」「地場産品を加工したり、販売する場所があるといい」「登山道をつくって、そこを歩けるようにしたい」、集まった人たちから次々と上がる案は〝未来予想図〟として模造紙に描き出されました。

半日かけて集落を案内していただいたあと、集会所にて「これが集落のおじいさん、おばあさんたちとつくった5年前の〝未来予想図〟です」と、壁に貼られた手書きの地図を見せていただきました。これを見て驚いたのは、5年前に描いたプランの大部分がすでに実現していたり、実現に向けて進行中だったこと。たとえば、池谷分校の体育館は交流施設として改修されています。当時任意団体であった十日町市地域おこし実行委員会はNPO法人化し、雇用を生んでいます。加工食品も販売を開始しました。お米や加工品は、ネットでも購入できるようになっています。

また、集落に空き家がないことから移住促進として発案された農業の後継者を育成するための家「めぶき」。セルフビルドに興味のある人を都会から集めたり、クラウドファンディングで協力を募り、目標金額を達成するなど、幅広く人を呼ぶアピールにも成功しています。

僕はこの地図を眺め、人はいくつになっても自分の未来をつくることができるのだ、と勇気が湧きました。そして、多田さんはまさに未来をつくる案内人。

未来というのは、漠然としたままだと不安だけれど、自分たちが5年後ここで何をやりたいか、どうなっていたいかという具体的なプランをみんなで膝をつき合わせ、何度も話し合っていけば実現するものなのだ——。

10世帯もないような小さな集落では、どうしても外部の人間に対して警戒心を抱きがちで閉鎖的になってしまいますが、多田さんが住民の人たちと協力しあったこの5年間、池谷集落の未来を誰よりも考え、尽力してきたその真剣さが、住民の人たちに伝わったのでしょう。いまではすっかり信頼される存在になっているようでした。

多田さんは非常に責任感のある時間軸で動いていて、集落の人たちに少しも迷惑をかけたくないと思っている。何時に待ち合わせましょう、とこちらから声をかけた以上は、1分たりとも遅れてはならない、というような律儀さ。取材中、何度もそういう姿を拝見し、彼は芯から応援団なのだと感じました。主役は住民であり、彼らが生き生きと活動できるように後方支援するのが自分の役目。そこに徹しているように見

「笑顔と若さの楽園集落」と題し、みんなで描いた池谷集落3年後の未来予想図（2015年3月作成、上列右から三番目が多田さん）。「命の森」「トレッキングコースの整備」「体験農園」「バイオマスでエネルギー作り」といった言葉が並んでいる。（写真提供・多田朋孔）

えたのです。多田さんのような誠実で責任感の強い人だからこそ、池谷集落の人たちとここまでの人間関係を築けたのでしょう。

応援団長型のファシリテーター

コミュニティには、外から入りやすい規模と入りにくい規模があると思います。100万人都市では大きすぎて人と人のつながりが見えにくい。10万人くらいの都市がいちばん人のつながりも感じられて、かといって密接すぎずにちょうどいいのではないでしょうか。池谷集落のような数十人単位のコミュニティだと、全員が知り合いの世界ですから、来る人も迎える人も限定されてしまう。少しでも相性が悪いと、結果的にうまくいかない場合が出てくるでしょう。

多田さんは、まさに十数人規模のいちばんコミュニティの結束力が強いなかに入り、その人たちから全幅の信頼を寄せられるまでになった。これは並大抵のことではありません。彼がそこまでの関係性を築けたのは、誰よりも何よりも「池谷集落らしさ」を考え、この地での暮らしが永続的に続くにはどうすればいいかを、ずっと先の未来まで見据えてデザインしているからなのだと思います。

多田さんは地域おこし協力隊としての3年の任期を終えると、迷わず「地域おこし実行委員会」に就職。池谷集落の地域づくりを常に自分ごととして中心に置いていた多田さんは、地域と自分のより深い関わり合いについて、「本番は地域おこし協力隊の任期終了後」と考えていたそうです。土地との関係性を構築することに関しても、中長期のビジョンを持って冷静に現在と対峙している多田さんは、僕にとって尊敬すべきローカル・リアリストです。

この5年間で多田さんが住民の人たちと一緒に蒔いた未来の種は、確実に芽を出し、すくすくと育っています。前述した「めぶき」などもそうですし、NPO法人化した十日町市地域おこし実行委員会は農業委員会を通じて正式に農業に参入し、集落の農地の受け皿になり始めています。いまでは、十日町市全域の地域おこし協力隊の支援業務も行っており、新潟県の地域おこし協力隊の研修も手掛けるようになっています。また、全国各地から視察の受入や研修の依頼も来るようになり、「限界集落はいま全国に1万以上ある。このままいけばほとんどが消滅してしまうだろう。でも、池谷が外から人を受け入れて存続できたら、全国の集落にとっても大きな希望になるに違いない」という池谷集落に移り住むきっかけとなった山本浩史さんの言葉が徐々に現実になってきています。

何よりの貢献は、多田さん一家をはじめ、集落の後継者が定住していることでしょう。池谷集落では子供も増え、高齢化率は62％から38％に、14歳以下の年少人口比率は0％から21％に改善されました。２０１５年の3月には集落の人たちから要望を受け、新たに3年後の池谷集落を描いています。集落の人たちは「俺たちももう80近くになって、あと5年後というとあの世に行ってるかもしれないけど3年なら何とか頑張れる」ということで3年後にしたそうです。

過疎地にとっては、人口減と高齢化が何よりの課題であり、外から若者や子育て世代の移住者を受け入れることが地域の存続に不可欠です。池谷集落が限界集落を脱し、若い世代の移住者を増やすことができたのには、多田さんのように派手さよりも堅実に前に進むことを重視する静かなるヒーローに魅力を感じる若い人が少しずつ集まっていること。また、農業や林業で生計を立てて暮らしていきたいと考えている人が、この集落に入ってきやすいように地ならしをしてくれたことによるところが大きいと思います。

多田さんが取り組んでいることは、「未来の地域の後継者」づくりでもあるのでしょう。彼自身も間違いなく後継者のひとり、いや、後継者のなかでもリーダー的存在であるのは間違いないのですが、彼自身はプレーヤーにはならず、ファシリテーターに徹しているように見えます。

地域を元気にするローカルヒーローにはいろいろなタイプがありますが、多田さんはいわば「応援団長型のファシリテーター」といえるのではないでしょうか。

彼のやっていることを見ていると、何か新しいものをつくろう、人口をたくさん増やそう、という地域おこしとは違います。それは、池谷集落の人々が望んでいることではないからなのでしょう。多田さんのヒーローとしての特徴は、地域の人たちがこの先もずっと気持ちよく暮らしていくためには何が必要か、どんなことを住民のみなさんは望んでいるかをまず第一に考え、その意見を丁寧に引き出していることにあります。そして、結果的に何を目標にするかをまとめ、そのためのしくみをつくっている。ですから、実行者（プレーヤー）ではない。やはり応援団長なのです。

取材に伺った際、ふと集落のみなさんに「多田さんが来てどう変わりましたか？」と聞いてみました。すると、「何も変わってない」との答えが。しかしその後、多田さんが来て5年が経った池谷について聞いてみると、「この地図に書かれていることは全部実現している」と、みんなが口を揃えてうれしそうに話してくれました。

これは、多田さんの地域への関わり方とアプローチの仕方を教えてくれる、いいコメントだと思いました。つまり、一歩一歩地道にやっているから、特段派手なことをして変わったという印象にはならない。でも、のちのち振り返ってみたら、じつは大きく変化していたというわけです。多田さんが地域のファシリテーターに徹していることをよく表していて、僕も何だか幸せに感じました。

多田さんが池谷集落の人々と目指しているのは、田舎と都会がお互いに足りないものを供給し合いながら、それぞれの生活を、安全を、経済を循環させるしくみづくり。しんしんと降り積もる雪のように、多田さんたちの挑戦は、静かに着々と進んでいくのでしょう。

3　ローカルビジネスで持続可能な地域づくり
――巡の環　阿部裕志（島根県海士町）

「やりゃあええだわい」

島根県沖に浮かぶ隠岐（おき）諸島のひとつ、中ノ島＝海士（あま）町。人口２３００人強の小さな島ですが、２０１６年現在、島の全人口の約２割をＵ・Ｉターンの移住者が占めています。２００４年から２０１５年の12年間で３５６世帯、５２１人がＩターンで海士町に移住しており、その大半が20代から40代の現役世代です。しかも、移住者に対して特別に仕事や住まいを斡旋したり、お金を援助したりするわけではありません。若い人たちは、そうした支援制度があるからではなく、新しい挑戦の場として海士町を選んでいます。

いまでこそ、全国から若者たちの集う島、地域おこしの成功モデルケースなどといわれるようになりましたが、かつては財政破綻した北海道の夕張市同様、厳しい財政状態にあり、島の存続が危ぶまれる状態でした。

海士町は、どのようにして意欲的な若者たちで活気づく島に生まれ変わったのでしょうか。その立役者のひとりが阿部裕志さん（38歳）です。

阿部さんは、愛媛県生まれで京都大学を卒業後、トヨタに入社。生産技術エンジニアとして新車種の立ち上げに携わり、やりがいを感じていました。休日はアウトドアを楽しみ、「ああ、楽しかった」とビールを飲む。充実したライフスタイルだと思っていましたが、あるとき「それでいいの？」という自問が湧きます。平日は激務に追われ、休日は遊ぶために田舎に行く。学生時代からエコロジーや持続可能な社会について考えてきた阿部さんにとって、生産性や効率が重視される社会システムに対する違和感はどんどん募っていきます。

同じ時期、トヨタで同期だった岩本桃子さん（当時の姓は鈴木。先に島に移住していた岩本悠さんとのちに結婚し、いまでは阿部さんたちと一緒に島を盛り上げる一員）から、「島まるごと持続可能な社会のモデルを目指しているまちがある」と教わり、海士町を訪れることに。立場や世代を超え、真剣に島の未来を語り合うまちの人たちの姿に刺激を受けた阿部さんは、東京で高野清華（さやか）さん（のちに一緒に『巡の環（めぐりわ）』を立ち上げる仲間）と出会います。海士への移住をほぼ決めていた彼女と一緒に、再び海士町へ。

ふたりは、「田舎で雇用を生み出すための『島の学校』をつくりたい」との想いを10枚の企画書にしてまちに提案。普通、20代の若者が東京から突然やってきて、自分のやりたいことをぶつけてもすんなりとは受け入れられないと思うのですが、海士の人たちの反応は違いました。

「やりゃあええだわい（やってみたらいい）」

隠岐という地域は、歴史的に見ても地政学的に見ても、中国大陸との交易や本土からの遠流（おんる）など、外部の人や文化と接触することの多い土地でした。日本各地の温泉地や港町、交通の要衝となる宿場町と同じように、「別のものや人を受け入れる視点」が古くから根付いていています。

さらに、財政破綻の危機にあるなか、町長以下職員のみなさんが率先して給与のカットを行い、地域に変化をもたらす「よそもの・わかもの・ばかもの」を受け入れる体制が整っていた。この雰囲気がまちに伝播していたこともチャレンジできる風土をつくり上げている大きな要素のひとつでしょう。

そうして2008年1月、先に移住していた高野さんと、もうひとりの仲間、信岡良亮さんと3人で「株式会社巡の環」を設立。出資は信岡さんが50万円。登記にかかる30万円を除いた20万円を資本金としました。翌年に阿部さんが資本金を20万円増額し、現在に至っています。

起業というと、たくさんの出資を得て、ビッグチャンスを狙うといった後戻りできないようなイメージがありますが、まずは少額の規模で始めて、一歩一歩、細かく軌道を修正していくようなやり方こそ、現在の地域づくりやまちづくりにはぴったりです。リノベーションまちづくりなども、その好例でしょう。そういった意味でも、「巡の環」の少額起業は、理にかなっているといえます。

仕事があるからではなく、仕事をつくりに島に来た

「巡の環」は、「島をまるごと学校にする」というコンセプトでスタートした〝田舎ベンチャー〟。阿部さんたちは海士町を舞台に、「これからの新しい生き方」を学び、もうひとつの未来を形にしていく取り組みを始めます。事業には、3つの柱があります。

1　海士町のビジョンやさまざまな計画をつくる「地域づくり事業」

2　島外の企業や自治体、大学の研修を海士町で行う「教育事業」
3　物産の販売や海士町の魅力を発信する「メディア事業」

特に力を入れているのが「五感塾」という教育事業。島の漁師や農家など島民の方々に講師になってもらい、都市から研修として受け入れています。これまで研修にやってきたのは、企業では、日立製作所、労働組合ではイオンやサントリー、味の素など。ほかに大学や自治体、復興庁などの参加もあるそうです。

「知識や技術といった仕事力を養うことは都会のほうが優れているけど、意識を変えたり、気づく力や感じる力といった人間力は田舎のほうが研ぎ澄まされると思う」という阿部さん。標準型の研修で2泊3日。農業や漁業といった五感を通じた体験や、島の生き残りをかけた挑戦をする海士町の人たちと語り合い、彼らを映し鏡にして自己を振り返ることで、人間力を高め、自身のこれからを考え行動するきっかけを提供するもの。２００８年11月からスタートしたこの事業は、２０１６年10月までに25回開催され、延べ約４００人が参加しました。

そのほか代表的な事業に、海士町でとれた肉や魚や野菜を東京に送り、都市に「島時間」をつくるイベント「ＡＭＡカフェ」の運営や、海士町の特産品を集めた通販サイト「海士Ｗｅｂデパート」の運営などがあります。

３人で始まった「巡の環」は、現在社員７名。２０１５年度は売上げの45％が前述した事業の柱の「教育事業」と最も多く、「地域づくり事業」が40％、「メディア事業」が15％となっています。

Ｉターンする若者には〝攻めの移住者〟が多い

さまざまな事業を展開し、ほかの地域や自治体から「うちに支社をつくってもらえないか」「この町に移住してきてほしい」などと誘われるまでになった、「巡の環」ですが、彼らの活動の陰には海士町の山内道雄町長をはじめとする行政の有形無形のサポートがあります。

さかのぼること12年前。２００４年、町の財政は破綻の危機にありました。山内町長は島の存続のために自分が率先してその本気を示そうと、自らの給与を30％カット。すると、職員から「自分たちの給与も下げてください」との声が次々あがり、翌年は町長50％カットを筆頭に、議員40％、職員16〜30％のカットを断行。そこから島の再興をかけた挑戦が始まります。

給与カットした余剰金を用い、島の外から人を呼ぶためのさまざまな取り組みを実施していったのです。

産業創出で大きいのは、鮮度を保ったまま出荷できるCASと呼ばれる冷凍技術を活用し、特産の岩牡蠣や白イカなどを都市に直接届けるシステムの構築。島で生産する隠岐牛のブランド化。いずれも事業として成功をおさめ、島民の暮らしを潤しています。

島外から人を呼ぶしかけとしては、唯一の高校である島根県隠岐島前高校に島外からの入学者を増やそうと始まった「島前高校魅力化プロジェクト」があります。難関大学進学を目指す「特別進学コース」や、地域づくりのリーダーを育てる「地域創造コース」などを新設。また、全国から意欲ある高校生たちを募集し、交通費や食費を提供する「島留学」の試み。こうしたプロジェクトが功を奏し、島前高校の入学者は年々増加し、2016年度は全入学者65人のうち、島外からの島留学生が28人となっています。

海士町に集まってくるのは、子どもだけではありません。冒頭で述べたとおり、阿部さんらも含め、一流企業でのキャリアを持った働き盛りの世代が次々に移住してきています。

その理由について、阿部さんは著書『僕たちは島で、未来を見ることにした』（木楽舎、信岡さんとの共著）でこう述べています。

海士の面白さは、島にIターンしてくる人たちが、基本的に〝攻め〟の姿勢で入ってくるというところにあると思います。

現に、海士のこうした志が高い人材の流入はどうして起こるのか、ということで様々な地域から視察に訪れる人も多い。僕は、ここまで海士が〝攻める〟若者を引き込むのは、海士が大きな未来へのビジョンを持っていることと、関わることのできる〝余白〟が残されていることにあると思っています。

もちろん、この余白は地域の課題そのものであり、かつて島が経済的にも自治的にも崩壊寸前に陥り、住民が困り果てるほどのどん底までいったときに、「チャンスがあればなんでも活用しよう」と発想を転換したことがきっかけで生まれたものです。

誰にでもその余白を与えられるわけでは決してないけれど、本気の気持ちにはきちんと応えて、その余白を僕たちのようなよそ者に委ねてくれる人がたくさんいることは事実です。

いうなれば、海士町は島というコミュニティでもあります。ある意味で外部と内部を海というフラットな存在が分けている。つまり、内部での微妙な変化がわかりやすい。いまの若い人たちは、ツルツル、ピカピカにきれいに磨かれた社会に対して関心が薄いのではないでしょうか。それよりも、凸凹(でこぼこ)していて、ひっかかりがあって、自分がそのなかに入って、仲間になれるような社会を探し求めています。

「余白」というキーワードは、まさにぴったり。全席指定で満員の、隙のない夢の高速鉄道ではなく、空席があったり、席を詰めればまだまだもっともっと乗れる、親しみやすい各駅停車。ここを修繕すれば、そこを改良すれば、みんながますます楽しく乗っていける。海士に挑戦したい若者が集まる理由は、そういったイメージかもしれません。

課題先進地だから関わりがいがある

さらに、阿部さんは著書のなかでこう続けます。

「その結果として、海士のIターンには田舎にユートピアを求めてではなく、ほしい未来を自分たちの力で切り拓こうという〝攻めの人材〟が集まったのです」

前述の「島前高校魅力化プロジェクト」をプロデュースしている岩本悠さんは元ソ

ニーの社員でしたたし、ナマコの加工会社を立ち上げた宮崎雅也さんも一橋大学を卒業後、海士町に移住したひとりでした。

彼らは、東京を代表とする都市で挑戦しても成功できるポテンシャルを持っています。それでも、海士町という島根の沖に浮かぶ小さな島をチャレンジの場として選んだ。その理由は、阿部さんの言うところの〝余白〟であり、海士町が日本の未来の縮図だからなのでしょう。

日本は２０６０年には全人口の40％、つまり５人に２人が65歳以上の高齢者になる社会が到来すると試算されており、これは現在の海士町の高齢化率と同じです。それだけではありません。20代から40代の働き盛りの流出により、地域経済は逼迫し、まちの未来の担い手である子どもの数も減少。医療や福祉の不安など、これから日本で深刻化する社会問題がすでに海士町で起きている。「日本の未来の縮図」と言ったのはこのためです。

阿部さんをはじめとする、この島に移住した若い人たちは、「課題先進地である海士町で、新しい社会のモデルをつくることができれば、日本の未来の希望になれる」と本気で考え、それぞれのやり方で解決策を探っています。自分たちが関わることで、その地域に小さくとも希望なり明るい要素が加われば嬉しい。地域に山積する問題は簡単には解決できないこともあるけれど、彼らにとって解決のプロセスに参加することが自分たちの存在意義につながっているのでしょう。

ローカルビジネスの始め方

阿部さんは海士町へ移住してすぐに起業しましたが、彼がローカルヒーローとして抜群だったのは、ビジネスをどうするかということより「海士の人間になる」ことに徹したことです。

青年会や祭り、飲み会といった集まりには必ず顔を出し、時間が空けば漁港や田んぼに足を運んで、「何か手伝うことはありませんか?」と声をかけるなど、海士の人たちと自分がどういう関係をつくれるかということを最優先に考えてきたそうです。

実際、僕が初めて海士町を訪れたときの阿部さんの姿はいまでも忘れられません。

1日かけて、軽トラックで島を案内してくれたのですが、海士町のことや「巡の環」について説明してくれながら、彼はずっとキョロキョロしている。小さな集落の路地をのぞき込んだりして、何をしているのかな、と思っていたら、人を見つけると車を止めて「こんにちは」と挨拶をしている。「東京からのお客さんを案内しているんですよ」などと言って。道中、すれ違う人を見逃さないようにして、必ず車を止めて挨拶していました。きっと阿部さんは毎日、暮らしているなかで同じようにしているのでしょう。地元の人たちへの敬意がまずあって、きめ細やかに気づかいを払っているのが感じ取れました。

特に、移住してしばらくの間は、地域の人たちとの対話を重視してきたといいます。海士で求められているものは何か、自分がやろうと思っていることと、地元の人が描く未来に齟齬はないか——。そうした模索に約2年間、しっかりと時間をかけ、メディアの取材も断って他地域の事例にも目を向けず、海士町とだけ向き合ってきたのです。

これはすごいことです。最近、ローカル志向の現役世代が増えていることからメディアも彼らの動向には注目しており、ユニークなまちづくりを実践している若者をニュースなどで取り上げるケースが増えています。「巡の環」にもたくさんの取材依頼があったはずですが、阿部さんは一過性のブームのように、海士町が取り上げられることを好ましく思わなかった。そこが彼の賢いところで、仮にメディアに取り上げられたとしても、それが島の幸せにはつながらないことを阿部さんはわかっていた。

何をもって成功とするのか。メディアに取り上げられ、ひっきりなしに取材が入り、ヒーローのように取り上げられることなのか。阿部さんは何よりも思慮深く、「地域の未来」を優先して、長期的にものごとを考えていたのだと思います。ブームというのはとても怖いもので、人でもまちでも、大きなメディアで一方的に持ち上げられて、そのブームがいったん去ってしまえば、まちの盛り上がりの空気をふたたび戻すのに何倍もの労力とエネルギーがかかります。場合によっては、ブレイク前のいちばんいい流れにはもう戻れないかもしれません。

「巡の環」がローカルビジネスとして成功したのは、海士町ならではの有形無形の財産を大切にしたところにあると思います。それは、島に残るさまざまな祭礼や風習や、地元のおじいちゃんおばあちゃんが培ってきた知恵や技術、それにもちろん海の恵みや大地の恵みもそうです。そうした海士の文化を「学び」として都市の人たちに提供しているところが地元の人たちに受け入れられ、また首都圏の大手企業や行政のニーズもつかんでいるのでしょう。

地域を巻き込む2大要素「儲かるか」「面白いか」

阿部さんは地域の人を巻き込むのにいちばん大事なのはふたつだ、と言っています。

「儲かるかどうか」

「面白いかどうか」

両方揃っていればベストですが、どちらか一方でも構わない。どちらも当てはまらなければ、そのプロジェクトはうまくいかないというのが阿部さんの持論で、僕は全面的に賛成しています。明快な回答ですよね。

このふたつを知ってから、各地でトークイベントをするときは、「巡の環」の阿部さんに教えていただいたことなのですが、と断ってこの話をするようにしています。「まちづくりを自分ごととして、多くの人たちに関わってもらうための2大要素があります。ひとつは、そのプロジェクトが儲かるかどうか。もうひとつは、みんなが楽しいと思えるかどうかです」と。

最初にこう話すと、みなさんわかりやすいので興味を持ってくれますし、じゃあ具体的にどうすればいいのか、と次の段階の話ができるようになります。

儲かる、というのは、町の方々に関わっていただく際に、その対価としての金銭や御礼が発生すること。「巡の環」だけが利益を出して、成長する社会ではいけないという阿部さんたちの信念がそこにあります。

そして、面白いというのは、お祭りのような行事でもそうですし、「巡の環」がつくるプログラムにしても、そこに関わる地元の人たちにとって新鮮で、学びや発見があり、深い出会いや思い出につながるような遊び心が加味されているということ。

地域で生きるとは、自分たちがやりたいことの実現を目指すのではない。地元の人たちと同じ目線に立ち、お互いにとって幸せな未来とはどのようなものか、ともに模索していくことが大事だと話す阿部さん。

地域に暮らすすべての人が、自分のまちのことを自分ごととして考え、同じ方向を見ながら一緒に行動していくまちづくり。阿部さんたちの試みはいま、島を飛び出し、日本各地に波紋を広げていきます。その波紋は、巡り巡って、世界の未来をよい循環に変えていくでしょう。僕は、彼が島から見ている夢が、机上の空論ではないと思っています。

4　DIYで暮らしまるごと自給自足に挑む
――幸田直人（鳥取県三朝町）

無理なく楽しく循環型生活、やってます

鳥取県三朝町。山々に囲まれた広々とした敷地に、木のぬくもりが心地よいカフェ「いちまいのおさら」があります。屋根には太陽光発電パネル。庭には生ゴミコンポスト、生活排水浄化装置、ウッドデッキやツリーハウス、それに自家製の生ハムやサラミがぶら下がる小屋まで！　これらすべて、家主の幸田直人さん（34歳）がセルフビルドしたものです。

暮らしに必要なものはできるだけ自分の手でつくりたい。そんなDIY（Do it yourself）の精神が若い世代の間で静かに広がっています。DIYが支持を集めているのは、コストをかけずに作業が進められるという点もあるのですが、何よりも、「自分の暮らしを自分でつくっている手ごたえと楽しさ」を感じられるから。大きな意味で言えば、家づくりというのは、未来づくりでもあるわけで、未来に関わっているワクワク感も増幅されています。

　幸田さんはその極めつき。建物をはじめ、暮らしにまつわるものをなんでも自分でつくってしまうＤＩＹの達人なのです。しかも、ＤＩＹだけでなく、可能なかぎり環境負荷の少ない持続可能な自給自足の暮らしを実践しています。生活排水浄化装置やコンポストトイレなどを活用して、ゴミをなるべく出さないようにしたり、人間も循環の一員との考えから、生活排水や屎尿を資源に変える工夫もしています。

　自給自足の暮らしでは、野菜やお米のほか、料理人でもある技術を生かして豚肉や猪肉などを熟成させたハムやサラミも自家製。エネルギーも自給自足を目指し、薪ストーブや拾ってきた太陽熱温水器はもちろん、太陽光発電のシステムも自作し、約80％の電気を自給する生活を送っています。

　幸田さんがこうしたライフスタイルを志向するようになったのは、岩手大学に在学中、葛巻町にあるパーマカルチャー（持続可能なライフスタイル）を取り入れたエコスクール「森と風のがっこう」と出会ったことが大きいそうです。宮沢賢治の思想にも通じている気がする幸田さんの暮らしですが、幸田さんにとって、いまの社会システムや経済システムが、ある意味人間らしくなく、また、すべて人任せにより、突然に大きな事故や不安にもつながることが、自分の生活を考えるうえで懸念点だったのかもしれません。

彼はそこにインターンとして通ったり住み込みをしたりして3年関わり、2007年に故郷の鳥取へ帰郷。DIY&サスティナブルないまの暮らしを目指して、三朝町の山あいの古民家を借り、飲食店や旅館で料理を学びながら、住まいに手を入れ始めます。オフグリッド（電力会社の送電網を使わずに電気を自給する）のしくみをつくり、電気は太陽光メインで、暖房は薪ストーブを使っています。

僕たち取材班が伺ったのは、3月のまだ寒い時期。鳥取の山間地は朝晩が冷え込み、三朝町ではこの時期の平均気温が8度前後なのですが、エネルギー効率がいいのでしょう。室内は適度に暖かく快適でしたし、ラジオや音楽を聴くなど、現代的な暮らしも上手に取り入れながら、この時代にどれくらいのオフグリッド生活が可能かを実験しているように見えました。

どちらが未来なのだろう？

「なんでもやってみる」がモットーの幸田さん。カフェの建物では主要な構造と壁は大工さんに依頼し、内装から水道・電気などは自分で手がけました。その後、独学で技術を習得し、友人からの依頼で12坪ほどのカフェ（鳥取県八頭（やず）町にある「天然食堂つきとおひさま」）や、16畳ほどの木造平屋家屋を完全セルフビルド。カフェに使われているテーブルやベンチ、キッチンまわりや収納スペースの家具はもちろん、娘さんのおまる、仲間と6日間かけて焼いた炭、車で1時間ほどの日本海から汲んできた海水を自宅の薪ストーブで沸かしてつくる自然塩……と、とにかくなんでも自分でつくっています。

しかも、ＤＩＹで使う資材は地域の解体業者などから譲ってもらっているものを工夫してリユースしているので、お金はほとんどかかっていません。幸田さんはただ単に生活費のコストカットをしているのではなく、ここに、人との関係性を意識しているように思えました。廃材を譲ってもらったり、野菜をいただいたお返しに料理をふるまってみたり、いわゆる「ご近所経済」です。貨幣の価値のみにとらわれない、人のつながりが生み出す、「新しい経済」といえるでしょう。

いま、幸田さんが実践しているように、地域で自給自足に近い暮らしをつくりたい人たちは増えています。特に若い世代は、太陽光発電で暮らしてみたいとか、できればオフグリッドにしてみたいといった意識が強い。それは、主義や思想としてエネルギーや環境の問題を重く受け止めているというより、自分の暮らしを自分でつくる、その手ごたえが何にも代えがたい喜びだからなのでしょう。

それは、何度か触れているように、自分たちが無意識に消費してきた食べものや電気や水がどうやってつくられ、どんなルートで自分が手に入れているのかが曖昧な暮らしより、食べものもエネルギーも、暮らし全体が自分でハンドリングできることの安心や楽しさを求める、新しい意識の層が着実に増えているからだと思います。

僕は、幸田さんがつくったカフェのロフトで休ませてもらったのですが、じつに心地よい空間で、薪ストーブのやわらかなぬくもりに包まれながら考えてしまいました。僕を含め、多くの人が享受している、ボタンひとつでお風呂が沸き、自動で室内の温度調整が行われるような現代の暮らしと、幸田さんたちのような循環型のライフスタイル。いったい、どちらが未来なのだろうと。

僕にとって未来とは、「続いていくものであり、贈るもの」です。だから、いまの時代、あるいはこの先3年くらいだけがよければ、という短絡的な快楽や価値よりも、土地の豊かさやコミュニティの知恵や幸せを次の世代に譲れるような暮らし。そう考えると、いまの時代の「未来」という言葉は、幸田さんのような暮らしにもヒントがたくさんありそうと考えます。

彼らはできるだけお金を使わないようにしていることとか、生活に必要なものを手間ひまかけて自作自給していることに対して、「我慢している」とか「つらい」といった感覚を一切持っていません。おそらく、自分たちが気持ちよく暮らすためにはどうすればいいか、研究している途中だからなのだと思います。こうやったら新しくなるとか、居心地がよくなるとか、作業しやすいとか、一つ一つ試しながら答えを探している。それはワクワクする、とても楽しい試みに違いありません。

手を加えながら、より自分に合うものにしていく

幸田さんが、いまの暮らしを実践する意識の根底にあるのは、「自分に正直に生きたい」という想いなのだと思います。社会のためとか誰かのためというよりも、自分が思い描く「気持ちのいい暮らし」を追求している。そこには、これまで当然と考えられていた社会のしくみを、ゼロベースで見直してみようという意思が感じられます。

たとえば、エネルギーは買うものだと思っていたけれど、じつは自分で発電できるし、それでほぼ家庭の電力をまかなえることがわかった。また、貨幣がなければ生活は成り立たない現代において、地域のつながりのなかで物々交換や不要品を再利用するなどによって貨幣を必要とする場面が少なくなった……。そうやって手探りで暮ら

しを再構築しているのです。

取材で伺ったとき、幸田さんらしい出来事がありました。カフェの前で写真を撮ろうとなったのですが、看板がないことに気づき「じゃあ、ちょっとつくりましょうかね」と言って、その場で木材のストックから適当な板を探してきてつくってしまった。大事な看板をそんな急ごしらえで？　と驚きましたが、その気負いのなさが彼のいいところ。完璧なマスタープランがあるわけではなく、その場その場で調整しながら変化しているのです。

「家も家具もなんでも『つくって完成』ではなくて、手を加えながらより自分に合うものにしていく。そのほうが楽しいですよね」

木の枝を切ろうとした際、三脚のがたつきに気づき、そこでもまた補強を始めた幸田さんが笑いながらそう言ったのが印象に残っています。

「手を加えながら、より自分に合うものにしていく」

いまの時代にぴったりの言葉だと思います。「大きなものより、小さなもの、強いものより優しいもの、速いものより、ゆっくりなもの」。これは僕が常々感じている、現代のソーシャルとローカル志向の若い人たちに通底する価値観です。

もう、背伸びをして、身の丈以上の物語をつくり込む時代はとうに過ぎました。ちょっとずつ、調整を加えて人生や暮らしをつくっていくこと。僕はまちづくりにも通じる考え方だと思っていて、従来のハコモノ的なまちづくりでは、先に計画があってそのプランに基づいて完成を目指すというのが基本でした。でも、いまの時代の人たちは、ゴールを決めずにとにかくやってみようと走り出す。その途中で、うまくいかないところが出てきたら、都度都度で修繕や補強を施しながら進んでいけばいい——。そんな推進力のある世代が、まちづくりを大きく前進させるいい流れになっているのを僕はあちこちの地域を見ていて感じています。

幸田さんの暮らしづくりに、そうした価値観がありありと感じ取れます。まずプランがあって、設計図どおりにできたら完成、というのではない。こんな空間にしたい、こんなものが欲しいというざっくりとした見取り図（ビジョン）があって、細かいところまで綿密に決めずに、まず手を動かしてみる。そして、暮らしていくなかで、年を重ね、家族の形が変化していくなかで、その状況に応じて合わなくなった部分を調整していけばいいという発想。『ソトコト』が取材に来てくれたから、看板をつくろうか。そうした柔軟性、フットワークの軽さが、じつはいま注目されている地域のまちづくりの根幹にあるような気がしているのです。広くとらえれば、「Open A」の馬場正尊さんが提唱されている、点と点とがつながり、面になっていく、まちづくりの先のキーワード「エリアリノベーション」を連想させてくれます。

とにかくやってみよう。あとのことは考えながら調整しながら前に進めばいい。

そうやって幸田さんが自分の暮らしをつくっていることと、いまの日本が必要としているまちづくりのあり方は非常に似ている。大げさではなく、僕はそう感じているのです。

暮らしもまちづくりも、どこまでいっても通過点

未来のことなど誰も予測できない時代に、収益や人数などを見込み、大きくて新造の施設の完成形ありきでスタートするプロジェクトの座組みはもうやめたほうがいいと思います。未来がはっきりと読めないのならば、いまのことを考えたほうがずっと建設的です。いまが面白くなければ、未来も面白くなりません。そういう意味で、未来そのものよりも、未来に向かっていく手ごたえが本当に必要です。

ヒーローたちは、みな未来を見つめています。たとえば、116頁で紹介した多田朋孔さんは、新潟県十日町にある池谷という限界集落の5年後の未来を考えたわけです。5年後に、この集落がどうなっていることがこの地に暮らす人たちにとって幸せなのかを考え、そこに向かって一つ一つ実現していったわけです。でも、ゴールでは

ない。ひとつの通過点です。

暮らしづくりも、まちづくりも、ゴールはないのです。通過点としての未来が実現したら、また次の未来に向かって前進する。それは、常に何かが動き、変化している「止まらない未来デザイン」なのです。

僕がヒーローたちの活動を定点観測しているのは、止まらない未来デザインを描いている彼らのいまと、半年後、1年後、数年後はどんどん進化していくのがわかっているからです。まちづくりも同じです。新しいプロジェクトが始まって動いている地域はやはり魅力的ですし、いつ伺っても〝現在進行形の通過点〟である人や地域には、自分自身の気づきと発見、その土地を見続ける高揚感があります。

幸田さんは、そんな「止まらない未来デザイン」を日々進化させているローカルヒーローの筆頭です。彼が自分の暮らしを通じて発信する、「生活にまつわるもののほとんどは、自分の手でつくれる」というメッセージは、自分の暮らしを自分でつくりたい人たちの背中を押し続けてくれるでしょう。

5　地域資源を利用し、里山をつなぐ、まちの鍛冶屋さん
――秋田和良（広島県安芸太田町）

中山間地域の仕事を支える鉄の道具づくり

「鍛冶」とは、鉄を熱して叩いて鍛え、刃物や釘などの鉄製品をつくること。刀鍛冶、包丁鍛冶、鉄砲鍛冶、船鍛冶、そしてここで紹介する秋田和良さんがナリワイとしている「野鍛冶」があります。

野鍛冶は、鍬、鎌、鉈（なた）などの農具や、山で使う刃物、海で使う漁具など、その地域の産業や住民の需要に合わせて幅広く手がける鍛冶のこと。秋田さんが拠点とする広島県安芸太田町はかつて製鉄で栄えた地域で、昔はいくつもの鍛冶屋があったといいます。しかし、時代とともに需要が減り、唯一残っていた野鍛冶の河野忠行さんが高齢で廃業することに。まちの大事な伝統産業を廃らせてはならないと、安芸太田町は

後継者を全国公募しました。そこに応募したのが秋田さんでした。

僕が秋田さんに初めて会ったのは、2015年に始まった広島県と『ソトコト』の共同事業で、ソーシャル人材育成プロジェクト「ひろしま里山ウェーブ拡大プロジェクト」の関係で広島を訪れたときのことです。県の担当者から「案内したい町がありますす」と言われて連れて行ってもらったのが、安芸太田でした。

安芸太田は広島県の北西部に位置し、広島市に隣接する人口6600人あまりの小さな町です。町域の90%を森林が占める、典型的な中山間地域。冬は深い雪に覆われる豪雪地帯で、昔から保存食として広島菜やかぶ菜などの漬け物文化が盛んです。

そんな安芸太田の商店街に秋田さんの工房はあります。伺ったのは、真夏のものすごく暑い日。加計(かけ)の商店街の町並みによく馴染んだ古い家屋の奥で、大きな音を立てて鍛冶の機械のベルトと扇風機が回っていました。

作業の手を止め、なかから現れた秋田さん。デニムのワークウェアとエプロン、そしてポートランドのヒップスターのようなトレードマークの長い顎ヒゲがよく似合う、きりっとした表情の静かでかっこいい姿を見て、僕は即座に「山の仕事という特集に出てもらおう」と心に決めました。あいさつをするやいなや、「あらためてぜひ取材でも伺わせてください」と秋田さんに伝えたほど、その人となりにのめりこんでいました。

秋田さんは、広島県福山市生まれの30歳。中学生のときに漆塗りに興味を持ち、富山大学の芸術文化学部デザイン工芸コースで漆や木工などの工芸の基礎を学びました。そこで、さまざまな素材や工芸の技法に触れるうち、漆より金属を加工する「金工」を面白いと思うように。

「金工にも銅や真鍮（しんちゅう）など扱う素材はいろいろありますが、自分は最も鍛造（たんぞう）が難しいと感じた鉄に惹かれました。難しいからこそ、挑戦のしがいがあるし、何より鉄の質感がカッコイイ」と秋田さん。

大学の教授に野鍛冶の現場へ連れて行ってもらい、仕事や生活のなかで使われる道具をつくることへのやりがい、お客の好みや使い勝手に合わせた製作ができるスタイルに可能性を感じたそうです。

さらに広島市立大学大学院に進み、鍛冶を学ぶ。どこかに就職して働くのではなく、自営で、長い時間を鉄とともに過ごしたい、自分の時間を誰かにコントロールされたくないとの思いからでした。卒業後の進路について考えていたところ、安芸太田町が野鍛冶の後継者を探していることを知ります。行政が一事業の後継者探しを手伝うのは珍しいことですが、町としては伝統産業としての野鍛冶の灯を絶やしてはならないと考えたのでしょう。

公募の内容は、事業継承者の募集で、工房の家賃は無料で、鍛冶に必要な設備・道具を一式引き継げるというもの。先代の河野さんから技術も教えてもらえる。好条件に名乗り出たのは言うまでもありません。

このように、行政がものづくりの担い手を公募するケースは増えてきました。滋賀県米原(まいばら)市では、土地にゆかりのある民藝の素晴らしい技術と価値を継承し、地元の活力づくりに挑戦する「民藝創生みらいつくり隊員」が着任しています。奈良県の奥大和エリアでは、リノベーションしたスペース「オフィスキャンプ東吉野」を拠点に、若手の家具職人やプロダクトデザイナーたちが移住し、吉野杉の伝統産業などから魅力ある商品の開発を行っています。

道具の寿命を延ばし、より使いやすく

秋田さんは現在、農具や刃物をはじめ、お客からのオーダーに合わせて特殊な専門道具や神楽で使われる太刀などを製作しています。

鍛冶の多くは、新しいものをつくる仕事がほとんどですが、秋田さんは道具の修理の依頼も積極的に受け付けていて、仕事全体の4割にもなるそう。そこには、秋田さ

んの野鍛冶としてのポリシーがありました。

鉄の美しさに魅了され、「鉄を叩いて生きていきたい」と野鍛冶の道を目指した彼は、土を耕したり草を刈ったり、ものを捌（さば）いたりすることをナリワイとする人たちの仕事を支えています。その意味では職人なのですが、「人と道具の関係が使うことを前提にするのではなく、経済活動が成立するかどうかで決まっているように思えてならない。僕はそこに違和感を持っていて、使う人の要望を実現することを第一としている」という言葉を聞き、彼は職人であり「表現者」だと感じました。

また、直しの仕事に力を入れている理由を「自分の手になじんだ使いやすい道具を直して、道具の寿命を延ばすことは理にかなっている。お客さまにとって、何度でも修理を繰り返すことで改良され、手放せない道具になっていくのがベストだと思うんです」と説明してくれました。

僕は彼の持続可能なものづくりを仕事の芯にする姿勢が非常にいいと思った。「持続可能なライフスタイル」を提案する『ソトコト』の理念にも合っているし、何より、広島の里山の豊かさと産業を、こういった形で、真の意味で力強く底から支えてくれるブラックスミス（英語で鍛冶屋さん）がさっそうと現れた物語性というか、ファンタジー性に未来を感じました。

秋田さんは「お客さまに頼まれたら、なんでもやりますよ」と言っていましたが、これは謙遜ではなく、本当に「なんでも屋さん」のスタンスで仕事をしているのがよくわかりました。たとえば腰の曲がったおばあちゃんの長年愛用していた鍬を直す。そのおばあちゃんの持ちやすい角度や金具の長さも考えてつくります。鍛冶の世界には、刀鍛冶など工芸品として取り組む人もいますが、秋田さんが目指すのは芸術作品ではなく、使い手の〝手〟の延長として本当に必要とされるものをつくること。あくまでも、道具を使う人のニーズありきなのです。

この「なんでもやります」という姿勢は、じつはローカルで暮らすうえで必要なスタンス。地域のなかでは「自分はこういうことが得意なので、こういう仕事がしたい」と言ったところで、その仕事の需要がなければ成立しません。たとえば、漁業が盛んな地域であれば、昼間は牡蠣の養殖業を手伝い、夜は飲食店で皿洗い、とか。山間地なら、林業や農業、薪割りなどなど。このように、なんでもやるというのは、地域で生きていくうえでは大事な柔軟性なのです。

秋田さんが、安芸太田という中山間地の小さな集落に順応できたのは、野鍛冶の事業継承者として入ったということもありますが、彼が地域の人たちの声を聞きながら、彼らの役に立つような仕事をしようとしてきたからなのだと思います。これが、自己表現として鍛冶をとらえていたら、また違った状況になっていたかもしれません。彼の謙虚さや、納得のいかないものはつくらないという職人気質が、地域の人たちの信頼を得ているのでしょう。

長い時間軸で未来を見通す力

森林と、そこに由来する水、そして生態系。これらの「お金で買えないもの」に価値を感じるという秋田さん。持続可能な人間の営みとはどうあるべきか、どうすれば実現できるのかを模索する一環として、鍛冶の仕事に欠かせない燃料を北広島町の炭焼き職人さんに依頼し、地元の木炭でまかなうようにしています。できるだけ環境に負担のないようにと、化石燃料は使わず松の炭を使っており、それも木材にならないような県内の松を引き取って炭にしてもらっているとのこと。

このように、ローカルヒーローとして彼が光るのは、持続可能なものづくりにこだわり、地元の資源を使って、地元の人と一緒に仕事をし、地元の人に使ってもらうというサスティナブルな循環をつくっているところにあります。

自分の仕事で完結しないのは、彼がクラフトマンにしてエコロジストであり、地域のつながりを大事にするローカリストだからなのだと思います。僕にとっては、自分が暮らす環境や地域のことをここまで考えて、自分の仕事に従事している若い人と出会えたことが大きな収穫でした。

東京をはじめとした大きな都市では、誰もがどうしてもいまの暮らしに精いっぱいで、遠い先のことを考えたり、まわりのことに目配りできる感性を養う機会がなかなかありません。そういった意味でも、中山間地域で多様な人々との関係性を日常的に重ねている秋田さんには、仕事も暮らしも、長い時間軸でものを考えていくお手本や題材がそこかしこにあるのかもしれません。

秋田さんのようなローカルグッドの俯瞰(ふかん)の視点を持った若い人が地域に根づいていく。ここにこそ、日本の地方の未来の答えが隠れていそうです。

第4章

自分ごととして楽しむ

1 空き家からまちの賑わいを取り戻す
――nanoda代表　山田崇（長野県塩尻市）

ナンパとまちづくりは同じナノダ

「ナンパ師」「公務員」でネット検索するとトップヒットする人がいます。塩尻市職員（現在は塩尻商工会議所に出向中）の山田崇さん（41歳）。「ナンパ」と「地域おこし」の共通点を自分の体験から語ったユニークなTED×Sakuのスピーチが話題になったのですが、実際、彼は学生時代に渋谷でよく女性に声をかけていたそうです。

ナンパと地域おこし？

全然接点がなさそうですよね。でも、実際に塩尻の山田さんを訪ね、本人からこれまでに取り組んできたことをお聞きし、まちの人たちと接する様子を見ていて合点がいきました。フットワークの軽さや柔軟性、好奇心、継続力など、ナンパに必要なスキル（?）を見事にまちづくりに生かしているなと感じたのです。
ナンパ師とまちづくりのリーダーの共通点。それは、とにかく他人との距離を上手に縮めるスキルがあることでしょう。つかず離れず、遠くに行ったと見せかけて、硬柔おりまぜ、急接近する。これは、実際の対人的な距離だけでなく、心の距離のとり方も含まれます。

僕のよく知っている、まちづくりのリーダーは、この他人との距離を正確に把握し、接近する力に優れている方が本当に多いです。ナンパは主に、まったく知らない異性との距離を縮める行為。まちづくりは、ただその土地に暮らしているという以外は、ほとんど関係性のない人との距離を縮める行為です。山田さんのナンパで培った柔軟性は、見事にいまの職業で昇華されていると感じました。

「ちょっと変わった塩尻の公務員がまちを面白くしている」

僕が山田さんを知ったのは、群馬の地域活性を考えるジョウモウ大学で当時学長を務める橋爪光年（みつとし）さんのこのひと言がきっかけでした。

塩尻駅から近い大門（だいもん）商店街の「nanoda」を訪れると、鮮やかなブルーのウインドブレーカーに小豆（あずき）色の水玉のパンツという、およそ公務員とは思えない鮮やかなファッションの山田さんが満面の笑みで迎えてくれました。それだけで、なんだか楽しい気分に。ナンパ師は人に警戒心を与えてはいけません。初対面でも親近感を持ってもらえるように、気軽に話しかけやすい雰囲気を醸し出すことが大事。加えて、相手に「面白そうな人」「話してみたい」と興味を持ってもらわなければなりません。山田さんの印象はそういう意味でバッチリ成功していると思いました。

山田さんは22歳で千葉市から地元塩尻市に戻り、市役所に就職。子どもの頃、活気のあった塩尻の市街地がどんどん寂しくなっていくのを食い止めたい。もう一度、賑わいを取り戻したいとの思いからでした。かつては約130店舗が軒を連ね、賑わっていた大門商店街。現在はそのうちの21・3%、約30件が空き店舗となっており、県内平均の8・5%を大きく上回っています。

実際、商店街を歩いてみましたが、かつて店舗であったたろう門構えの、シャッターを閉めた家屋をいくつか見かけました。この日はちょうどクリスマス・イブだったこともあり、通りを行き交うクルマの往来は多く、一方で、まちを歩く人たちの数は控えめで、静かな雰囲気にも感じました。

いま、全国の商店街の多くに空き店舗が増え、シャッター通りと化していることが問題になっています。よく、高齢化や若者の人口流出で店を閉じる商店が増えたことや、大型ショッピングセンターの出店などが原因として指摘されますが、店舗を保有する当事者のみなさんやシャッター通りにお住まいの方々は、じつはとくに困っていないのでは、という考えを僕は持っています。どちらかというと、外からの人たちの視点で、「寂しい印象をなんとかしなければ」という、過去の賑わいを復活させたいための課題として取り上げられがちです。

僕自身は、シャッター商店街は、コミュニティの成熟の結果もたらされた、ある種の最も静的な安定というか、リアルに持続可能な形なのだろうと思っています。ただ、大きな世代交代の結果、若い人たちによるチャレンジショップのように何か新たなことが起こるタイミングがこの先ある地域も出てきそうです。商店街の店舗の貸し出しには至らないまでも、メインストリートを定期的にシェアスペースとして提供し、小商いのお店が立つマルシェにしたりするのは、楽しそうですね。

山田さんの取り組みがユニークなのは、空き店舗を〝店舗〟に限定せずにとらえているること。店舗として人に貸すなり、もう一度大家さんに頑張ってもらうなどしてオープンするには、資金のリスクなどさまざまなハードルがあります。しかし、空き店舗を〝賑わい創出〟や〝市民の新しい挑戦の場〟として柔軟にとらえると、また違った有効活用の仕方が見えてきます。

きっかけは、山田さんら市役所の若手職員有志で結成した「しおラボ」という月に一度の勉強会でした。自分たちのまちをよくするには、部署を超えて職員一人ひとりが持つ知識やネットワークを共有することが重要として開いていたものです。その第17回で「魅力ある商店街を考える」というテーマで話し合っているとき、山田さんは「ちょっと待てよ」となります。

「自分たちは公務員。商売をしたこともないし、商店街に住んだこともないのに、店主のみなさんが抱える問題や商店街の現状を正しく把握することなんかできない」

そう考えた山田さんは、「自分たちで空き店舗を借りてみよう!」と提案。

空き家を借りて、そこで何をするかは決まっていませんでしたが、商店街の実状を知るためには、まず自分たちが商店街に身をおくことがいちばんだ——。

こうして「空き家から始まる商店街の賑わい創出プロジェクト nanoda」は生まれました。2012年4月のことです。成功するかどうかはわからない。でも、まずやってみる。その冒険心は、断られるかもしれないけれど声をかけてみようという、ナンパに通じるものがありますね。

シャッター商店街はじつは困っていない

空き家を貸してくれたのは、当時81歳の鈴木章司さん。夫婦で暮らす住居の隣が、

4年間空き店舗になっていたそうです。月1万1000円の家賃は、勉強会のメンバーで1000円ずつ出し合うことに。

まずは、4年間手入れされていなかった空き家の掃除から始まりました。「空き家をお掃除なのだ」と銘打ち、仲間たちも巻き込んで、掃除に着手。きれいになった空間で鈴木さんと食事をし、活気があった頃の様子や、商店街への思いを聞きました。これからの商店街のあり方を考えるには、当事者である商店街の店主や元店主がどんな思いでいるか、ここをどうしたいと考えているかをまずヒアリングすることが大事。そう気づいた山田さんは、ほかの空き店舗にも掃除させてください、と声をかけ、掃除が困難な高齢の大家さんに代わって定期的に掃除をする活動を行うことにしました。

この「空き家をお掃除なのだ」は、これまでに10店舗で実施し、そのうちの1軒からは無償で空き家を提供してもらうことができました。家は手入れをしなければ荒れてしまいますから、大家さんにとっては大助かりだったでしょう。掃除のあと、大家さんを交えて食事を一緒にすることで、信頼関係を深めていけたのだと思います。

そうやって商店街の人たちから話を聞いていくうちに見えてきたこと。それは、意外にも「シャッター商店街で困っている店主や大家はあまりいない」という事実でした。長年、商店を経営し、ある程度の蓄えはある。子どもたちはみな自立しているので、無理して商売をしなくても生活には困らない。いまの暮らしで十分満足しているというのです。

空き店舗がそのままになりがちな最大の原因は、商店の多くが店舗と住居を兼ねていること。店舗として貸すためには、自分の住まいと店舗の部分を分離する改修工事が必要となり、費用がかかります。わざわざそこまでして貸そうとは思わない――。それが多くの商店主のリアルな状況だったのです。「シャッター商店街」と一括りにしては見えない実態を知った山田さんは、一律に活性化を促すのではなく、まちの楽しさや可能性を広げる〝挑戦の場〟として、大門商店街を活用していこうと方向転換。「トークイベントなのだ」「ワインなのだ」「国際交流なのだ」……と、「〇〇なのだ」とつければ、誰でもなんでもチャレンジできるnanodaプロジェクトを次々と開催。なかでも好評だったのが、週末の朝、みんなで一緒に朝食を食べる「朝ごはんなのだ」。商店街の精肉店とパン屋がコラボしてカツサンドを販売したのですが、17分間で100個が完売する盛況ぶり。「卵かけごはんなのだ」を開催した鶏肉店は、そこでの手ごたえから正式メニューに採用。地元野菜のスムージーを提供したレストランは、「ちび商人」という新しい事業を始めるなど、nanodaプロジェクトから派生した新たな取り組みも生まれ、結果的に商店街に活気が戻ってきました。

市役所の職員だからできることがある

こうしたプロジェクトは、集まる人のタイプも数もバラバラなのですが、僕はそのカチッとしていない自由な雰囲気がとてもいいなと思っています。

毎週何曜日にやる、などと決めてしまうと、イベントを「やらなければいけない」という義務感が強くなって、途中で息切れしてしまいがちです。そのあたりも山田さんは心得ているのでしょう。定期制を持たせずに、ゆるやかに継続できるしくみをつくっている。たぶん、彼はいわゆる役所仕事にありがちな堅苦しいまちづくりにならないように気をつけているのだと思います。むしろ、市役所の職員だからこそ、nanodaのようなやわらかな場所をつくらなくては、という気持ちがあるのでしょう。

商店街の活性化についても、発想が柔軟です。

「何がなんでも空き店舗を開けなくてはいけないと思うから行き詰まってしまう。商店街の機能をもっとゆるやかにとらえ、みんなが集まって交流できるしかけを用意すれば、自然と商店街を利用する人が増えるのではないか」

という山田さんの狙いは大当たり。賑わいが戻った大門商店街では、「空き家をお掃除なのだ」プロジェクトできれいにした空き店舗10軒のうち、5軒を新たな用途で活用しています。僕が伺ったときは、バルーンアーティストの方が工房として使ったりして、山田さんたちらしい、楽しい雰囲気であふれていました。
商店街には戦前から「東座」という映画館があり、上映作品にちなんだメニューを同じ商店街にあるレストランで提供するなど、コラボレーション企画も生まれています。

何より嬉しいのは、商店街の活気に惹かれてこの地に移住し、空き店舗を借りて新たな商いを始める人がひとり、ふたりと出てきたこと。さらには「お掃除なのだ」が地元小学校の総合学習になり、3年生60人が授業で3軒の空き家を掃除するなどの広がりも。

設立時は17人の市役所職員で運営していましたが、現在は商店街の店主、市外の若者が加わりコアメンバー7人で運営しています。商店街の当事者である彼らがメンバーになったことで、自分ごととして大門商店街の活性化を考える人が増えたことは、この商店街の今後の継続に大きなプラスになることでしょう。

まちの人たちにとっては、市役所の職員がやっていることが安心感につながっているようです。まだ活動初期の頃、地酒を味わって、空いたワンカップにキャンドルを入れて商店街を照らす「ワンカップキャンドルナイト」を開催したところ、お酒を飲みすぎて「うるさい」と怒られたそうですが、これは山田さんが行政マンだから言いやすかった部分が多分にあると思います。民間の場合は、地域の人たちの市民権を得るまでに時間がかかりますし、お互いに気をつかって、双方ともに疲弊してうまくいかないケースもある。その点、nanodaは山田さんがメンバーの中心にいることで、民間ではあっても限りなく公共性が高いものと認識されています。そのおかげで、こうしてほしいという要望が運営側に届きやすくなっている。これは、活動するうえで大きなメリットといえます。

若い世代を呼び込むことに成功

商店街の活性化では、隣市の松本からも人を呼び込んでいます。松本には松本大学と信州大学があり、彼らが塩尻に遊びに来たり、ここで就職する学生も少しずつ増えてきているそうです。

地域に若者が多いことは、大きな希望。地元で就職したり起業したりすれば、就労人口の増加につながります。地元で結婚する人が増えれば、子どもが増えることにも。若い人がまちに増えることは、地方の大きな課題である人口減と高齢化を防ぐことができますから、地域にとって何にも代えがたい存在といえるでしょう。

地域に若者がいることのメリットはまだあります。彼らは同世代同士のネットワークを持っていて、ＳＮＳでも情報交換しています。若い感性で見た塩尻の魅力を発信することで、同世代の仲間が興味を持ってくれたり遊びに来てくれたりする。そうやって若者同士のネットワークで塩尻や大門商店街の面白さが広がっていけば、どんどん若い人がこのまちを訪れるようになり、若い世代が増えていくかもしれません。

山田さんが空き家から始めたプロジェクトは、「面白そう」「自分もやってみたい」という人たちを内外から巻き込み、商店街に賑わいを取り戻しました。そして、塩尻を新しい挑戦の場、暮らしの場として選ぶ若い人たちをも呼び込んでいます。

「〇〇なのだ」とつければ、どんなことでもできてしまうnanodaは、そのハードルの低さから、自分のまちにも取り入れたいと全国各地から視察も多く、実際、愛知県岡崎市と岩倉市で同様の活動が生まれています。山田さん自身、全国の自治体からの講演依頼で各地を飛び回っており、それが塩尻市の魅力を発信するシティプロモーションにもつながっています。そうした実績が認められ、国の「地域活性化伝道師」に登録。市のシティプロモーションも担当しています。

「なのだ！」と、元気よく地域に飛び出した公務員は、その活動の場を全国に広げ、これからも各地の商店街を楽しく元気な通りへと塗り替えていくことでしょう。

2　着ぐるみで地域おこしの可能性を実験中！

――桃色ウサヒ　佐藤恒平（山形県朝日町）

地域おこしの主流を見直してみよう

山形県のほぼ中央に位置する朝日町。人口7000人のこの町には電車の駅はなく、山形市直通のバスが1日1往復あるのみです（復路のみ3便）。リンゴとワインと山あいの美しい景色が名物の朝日町には、ちょっと変わった〝ゆるキャラ〟がいます。頼りなさそうな顔立ちをしたピンク色のウサギの着ぐるみ。それが「桃色ウサヒ」です。

桃色ウサヒは、朝日町の公式キャラクターを目指すという設定で、町の観光スポットや地域の人々の仕事を取材して紹介する「桃色ウサヒのあさひまち探検」を町役場のホームページに掲載。また、イベントやテレビ出演、SNSなどを通じて、町のP

Rを行っています。Twitterでは1万人以上のフォロワーが、Facebookでも約5000の「いいね！」がついています。

佐藤恒平さん（32歳）は、桃色ウサヒの〝中の人〟であり、この没個性のキャラクターがどれだけ地域活性化に貢献できるかを実験している、自称「非主流地域振興研究者」です。

彼は地域おこしについて、こんな考えを持っています。

「現在の地域おこしの主流は、若者が地方に入っていけば、いろいろといい流れができて、結果的に地域が元気になるのではないかといった希望的観測に依るところが大きい。でも、そんな楽観的なイメージだけでうまくいくとは思えません。

ゆるキャラについても、主流は地域の特性を見た目にたくさん盛り込んで、しっかりつくり込んだキャラクター設定をしていますが、それでは住民がアイデアを出すなど参加する余地がないのではないでしょうか。

自分は、こうした主流の地域活性化事例をなぞるのではなく、目指すべき成果は同じとしながらも、主流とは違ったアプローチ（道筋）で成功までのスキームを積み上げ、ゴールに導く。そういう研究者になろうと決めました」

彼がこうした独自の地域おこし論を考えるようになったきっかけは、育った環境にあります。小学生のときに過疎化が進む福島県奥会津に移り住み、まちを離れる高校時代まで地域おこしを望んでいてもうまくいかない現状を間近で見てきました。

　母親が町おこしのために建てられた観光施設でパートをしていて、イベントや企画を考えたり、進行役を任されるなどして頑張っていたのですが、その努力があまり成果につながっていなかった。真剣に取り組んでいるのは一部の人だけ、そのほかの人は無関心で、一定の距離で傍観している。その温度差に、「これでは絶対うまくいくはずがない。少しでも無関心な人を巻き込めるような違うやり方が必要だ」と思ったといいます。佐藤さんが「非主流地域振興」を考えるようになった原点です。

奇跡に頼らない、どこにでも通じる地域おこしを

　僕が彼のことを知ったのは、「地域仕事づくりチャレンジ大賞（現・地域若者チャレンジ大賞。ＥＴＩＣ．主催）」の審査員だったことがきっかけです。

　この賞は、地域に根ざし活動する企業や自治体、大学などに、若者がインターンとして入り、ともに地域課題に取り組むプロジェクトを実践。その取り組み内容と成果を表彰しようというもので、佐藤さんのウサヒの取り組みは、２０１２年の総合グランプリを受賞しました。

その授賞式で初めて彼に会ったのですが、東北芸術工科大学の大学院で学んだだけあって、アーティストの雰囲気。黒でまとめたコーディネートで浮ついたところのないクールな青年でした。これまでたくさんの地域の担い手に会ってきましたが、ローカルの文脈で会ってきた人たちとはまた違ったタイプだな、と思いました。

ネット通販でいちばん安く売っていたからという理由で買った、何の特徴もないピンクのウサギの着ぐるみ。いわゆる〝ゆるキャラ〟は、地域の特産品や特徴をあらわすデザインや名前であることが一般的ですが、ウサヒはその真逆の戦略。地域の特性がひとつも表現されていなくて、何の特徴もありません。僕はそこに、ある種のシニシズムを感じました。新しいタイプのローカルヒーローの誕生。ピンときた僕は、その場で取材の申し込みをしていました。

実際、『ソトコト』の取材チームが朝日町を訪れ、じっくり話を伺ってみると、非常に共感する部分があった。彼の地域おこし論は非常に的を射ていて、何度も膝を打ちたくなるほどでした。

特に激しく共感したのは、「奇跡に頼らない地域づくり」というコンセプト。「地域おこしとかまちづくりを語るとき、よく〝奇跡の○○〟といった表現を見かけますが、〝奇跡〟なんかたびたび起きるものではない。そんな事例の再現ばかり目指していては地方は一向によくならないんじゃないか」

そうした危機意識から地域おこしの道に入っている。たぶん、佐藤さんは奇跡とか運をあまり信用していないリアリストなのでしょう。僕自身がリアリストなので、彼の言わんとしていることはよくわかりました。加えて、ゆるキャラやB級グランプリといった世の中の流行りものをシニカルに見ている。そのあたりに芸術系大学出身の若者らしさを感じました。

地域の人を巻き込むしくみをつくる

朝日町を取材チームが訪れたのは、10月初旬。「和合りんごまつり」という地域のイベントに桃色ウサヒが登場するというので、その日を狙ってチームを派遣しました。ウサヒはどこに行っても大人気。子どもからお年寄りから、さらには町長まで、みんな気軽に接しています。これはまさに着ぐるみを超えたヒューマン・コネクション。ウサヒはダイナミックなアクションも得意なので、見ていて本当に面白い。これは、誰もに好かれるわけです。

ウサヒと一緒に歩いていると、地域の人から「あ、佐藤さん！」と声をかけられることもあって、驚きました。ウサヒの中の人は佐藤恒平さんだということをみんな知っていたからです。
聞けば、佐藤さんは朝日町の情報交流推進員（現・まちづくり総合アドバイザー）という立場で〝ウサヒの中の人〟として、町のPRをしているとのこと。町の人々や施設を取材するときは、ウサヒの頭を脱いで、どうすれば取材記事が面白くなるかを話し合ってから撮影やインタビューを始めるそうです。そのため、ウサヒの中の人が誰なのか、みんな知っているというわけです。

面白いと思ったのは、ウサヒが主導で取材を進めているのではなく、取材される側の人に、ウサヒがどう動いたら面白く見えるかを考えてもらっているということ。演出をまちの人たちに委ねることで、地域の人たちが「自分ごと」としてウサヒを盛り上げようとしてくれるようになる。この自発性、当事者意識がまちづくりには大切で、ひとりでも多くの人が自分のまちのことを考え、動くようになると、その地域は活気づくものです。

実際、地元の人たちのアイデアで次々と新しい試みが生まれています。「和合りんごまつり」では、小学生たちのアイデアによる〝ミニウサヒ〟が登場。子どもたちの「ウサヒをかぶって出てみたい」という声から生まれたものでした。

また、ウサヒには何の特徴もないことを心配したおばあちゃんたちが、せめて町の

和合りんごまつりに登場した桃色ウサヒ。ウサヒが現れると、子どもも大人も笑顔で話しかけ、愛されぶりがよくわかる。「佐藤さん、お久しぶり」と話しかけてくる人もいて、いわゆる「ゆるキャラ」の匿名性とは違う関わり方が面白い。（写真・池田宏）

特産品であるリンゴを持ったほうがいいとポシェットをつくってくれたり、ウサヒを知らない人に朝日町のキャラクターだということがわかるように、頭の後ろに町名を入れたらどうかと提案してもらったり。個性がないことがかえって町の人を巻き込み、みんながウサヒのプロデューサーになっているようなのです。

ウサヒをきっかけに、地域を楽しく豊かにすることにハマった人たちは、ウサヒ以外のところでもまちづくりのアイデアを提案するようになります。朝日町には、空気に感謝しようと、世界で唯一の〝空気〟をご神体にした「空気神社」があるのですが、この存在を広くPRしようと、佐藤さんやまちの人々の発案で御守りや緩衝材などのグッズを販売することに。ほかにも、ポスターやオリジナルパッケージをつくるなどの動きがまちのあちこちで行われているそう。さらには、自分の結婚式を空気神社で挙げ、「第4回ふるさとウェディングコンクール」（全日本ブライダル協会主催）の総務大臣賞を受賞。空気神社の認知度アップに貢献しました。

「こうした、住民参加型の情報発信が地域おこしには大事だと思っていて、まちの人たちが気軽に意見を言えたり、参加できたりする環境を整えるためのツールが桃色ウサヒなんです。個性がなくて、見た目もなよなよと頼りなさそうだから、みんなが助けてくれようとする。それが結果的に、まちを元気にする提案やイベントにつながっています」

地域おこしと雑誌編集の共通点

佐藤さんが、ウサヒの〝中の人〟というキャラクター設定を自分に課し、町のみんなに気軽に意見を言ってもらい、ウサヒと一緒に実現する。そんなユニークな地域活性化手法を考案したのは大学院2年生のときでした。

本当に必要なのは、奇跡なんかじゃない。誰もが気軽に始められて、どこにでも通じる地域おこしだ。そう考えていた彼は、ウサヒの実験場としてあえて地域に条件を設けず、「あ」から順に「どこにでも使える地域おこしのプランを考えたので、実践させてもらえませんか？」と声をかけていきました。朝日町役場の担当にコンセプトを説明したところ、「とりあえずやってみたら？」と言われたので、この町の地域おこし協力隊として2008年に着任することになったのです。

提案を投げかけて、ヒットしたところで試せばいい。まるでダーツのような地域への入り方は斬新です。

彼は社会の課題や地域づくりというのは、真剣に向き合わなければいけない要素ではあるのだけれど、真面目に取り組みすぎると人がついてこないことを感覚的に理解しているのだと思います。だから、うつろな瞳のウサギの着ぐるみ、という道化師としての地域づくりの文脈に落ち着いたのでしょう。

この、真剣なテーマを少しずらした角度から取り組む、というのはじつは僕が常々『ソトコト』を編集するうえで意識しているこだわりでもあります。たとえば、以前、水俣について12ページの特集を組んだことがあります。水俣といったら、やっぱり水俣病を抜きには語れないのですが、この重い事件を『ソトコト』としてどう取り上げるか非常に悩みました。「由々しき問題だ」と重い写真を使ったところで、読者の関心を引きつけることは難しい。誰しも、自分ごとであれば真剣に考えますが、多くの人にとっては他人ごとだからです。その他人ごとを、どうすれば自分ごとに引き寄せられるか。そこに編集者としての力量が試されます。

僕は『ソトコト』の編集に携わる以前は、アウトドア雑誌の編集者だったのですが、その時期も含めると25年、雑誌をつくってきました。その経験から得た雑誌づくりの肝は、どんな重たいテーマでも、「やわらかく、軽く、面白く、オシャレ」に見せることだと思っています。

『ソトコト』は、「ソーシャル」と「エコ」をテーマにした雑誌です。社会課題を扱うときに、こうした問題に関心が高い人たちには伝わりやすいのですが、僕たち編集者の目標は、関心のない人にこそ読んでもらい、知ってもらうこと。そのためには、いかに「やわらかく、軽く、面白く、オシャレ」に、つまりライトにつくるかが大事なのです。そういう意味でも、佐藤さんのアプローチ方法に僕はとてもシンパシーを感じます。

成功事例を模倣しない非主流の挑戦は続く

地域仕事づくりチャレンジ大賞のグランプリを受賞した翌年の２０１３年、ウサヒは日頃の地域貢献が評価され、スタッフをつけてもらえることになりました。佐藤さんの活動の場が広がり、ひとりで〝中の人〟を演じるのが難しくなってきたこともあります。「ウサヒの弟子募集」としてＰＲしたところ、定員1名に対して12名の若者が集まった。小さな輪かもしれませんが、「ウサヒになりたい」と思う若い世代がいることは希望です。現在は弟子も代替わりしてスタッフは３名（奥様含む）に増員、佐藤さんの取り組みは次のステージに進んでいます。

「地域振興サポートまよひが企画」という、地域活性化活動の企画運営を手がける会社を立ち上げたのです。ここでももちろん、主流とは異なる独自の地域活性の方法を相談者とともに探り、実現への道筋を提案する「非主流地域振興」を会社の理念としています。

「まよひが」とは、柳田国男の『遠野物語』に登場する、見つけると幸せになれる家「迷家」からとったもの。迷家で幸せになるためにはふたつの条件があって、ひとつは道に迷わなくてはたどり着けないこと。もうひとつは、そこから何かを盗んで無事家にたどり着かないといけないこと。迷いながらも目的地にたどり着き、大切なものをつかみ取ってくるというあり方が、非主流地域振興に通じるとして社名に採用しました。

佐藤さんは「まよひが企画」で、ご当地商品、ご当地キャラの企画・開発や移住交流の推進、ふるさと納税の推進、地域おこし協力隊の導入・運営の相談、地域情報の発信業務など、地域活性化につながるさまざまな事業を手がけています。

それらはどれも、地域づくりの王道ではない、まさに〝非主流〟な企画ばかり。今年のゴールデンウィークの直前に、山形市の東北芸術工科大学での僕の出張トークイベントにわざわざ来てくれ、おみやげに「ぷにゅぷにゅウサヒのキーホルダー」をくれました。そのウサヒをぷにゅぷにゅしながら、相変わらず、いい商品企画だなあと嬉しくなりました。2017年にはゲストハウスもオープンするとのこと。これまで〝非主流〟を進んできた佐藤さんがどんな宿泊施設をつくるのか楽しみです。

佐藤恒平さんの取り組みと対を成すような地域づくりがあります。島根県の邑南町（おおなんちょう）の「Ａ級グルメのまち」プロジェクトです。

邑南町では、「地元生産者が手間ひまかけ、こだわってつくった食材をなぜＢ級と呼ばなきゃいけないいんだ。ここでつくっているものはみんなＡ級だ」という誇りや自負心から、「ここでしか味わえない食や体験」を〝Ａ級グルメ〟と称し、新しい地域ブランドの構築により、地域活性化を目指しています。

その精神の根っこには、Ｂ級グルメやゆるキャラなど、現在主流となっている地域おこしのあり方に対する「本当にそれでいいのか？」という疑問、反骨精神が感じられます。邑南町と朝日町は手法こそ全然違いますが、ともに反骨精神のある町として、僕自身、今後の発展を期待している地域でもあります。

既存の常識や価値観にとらわれないヒーロー

みなさんはもう気づかれたかと思いますが、本書で紹介しているローカルヒーローたちの名前は、「パーリー建築」だったり「ポン真鍋」だったり、「ペンターン女子」だったり、佐藤さんの「桃色ウサヒ」もそうですけれど、一風変わっています。

ネーミングが個性的、ユニークであることは大事だと思っていて、僕が意識的に選んでいるからです。前述したように、地域づくりや社会課題の解決などは、本来真面目に取り組まなければならないものだという先入観が強いのですが、そうした既存の価値観や常識に対して、「そうじゃないのではないか？」と違和感を抱き、自分たちなりのやり方で地域を変えていこうとしている。そういう反骨精神とオリジナリティに、軽やかさ、柔軟性といった若者の特徴を備えた人たちが、僕の考えるローカルヒーローの条件になっているのだと思います。

佐藤さんは、各地で取り入れられている主流の地域おこしがなぜうまくいかないのか、地域課題の解決を考える前に、みんなが「これぞ地域おこしだ、まちづくりだ」と取り組んでいる手法をまず見直してみることの重要性を唱えました。僕はその問題意識こそ重要だと感じています。誰もが見過ごしていた重大な課題に、彼はひとり気づいたのですから。

「当たり前」を疑う。ある意味、彼はシニシズム、あるいはニヒリズムのヒーローといえるのではないでしょうか。地域の担い手にこれまでなかった視点を持ち込み、人々に大きな気づきを与えた功績は大きい。「非主流」の可能性は、さらに広がっていくに違いありません。

3　地域の素材・技術を〝結って〟デザイン
——シマネプロモーション　三浦大紀（島根県浜田市）

若者たちはなぜ、島根を目指すのか

　ここ数年、20代、30代の地方移住希望者が増えています。

　毎年、移住希望地域ランキングを発表しているＮＰＯふるさと回帰支援センターによると、これまで10位県外だった〝ある県〟が、２０１４年に８位、２０１５年には３位に急上昇し、話題となりました。

　その県とは、島根県。毎年トップ３は、長野、山梨、岡山が競っていたのですが、２０１５年では、１位長野、２位山梨、３位に島根県がランクインしたのです。しかも、上位２県は中高年に支持されていますが、島根県は圧倒的に若者に人気で、20、30代の希望者が50％を占めたそうです。

なぜ、首都圏から遠く離れた山陰に若者は惹かれるのか。第1章で、島根県は日本で最初に人口減が始まった県であり、1993年から全国に先駆けて移住・定住支援を行ってきたと述べました。外からの定住には、現地の受け入れ体制がポイントになってきますが、島根県の移住・定住政策は歴史があります。そうした土壌のなかで、イノベーションや社会変革、さらにソーシャルビジネスなどに主眼を置いた、感度が高く、とても優秀な若者たちの新しい挑戦の場として島根が選ばれているのでしょう。

島根の魅力を若い世代に発信している中心人物、それが三浦大紀(ひろき)さん(36歳)です。彼は、島根県の西側に位置する浜田市で、島根の魅力を掘り起こし、ブランディング・商品開発、PR、空間リノベーション、イベント企画など、あらゆる手法でプロモーションする「シマネプロモーション」を運営しています。島根に若い人が続々と集まる求心力のひとつに、三浦さんのプロモーション力、発信力の大きさがあると思います。

僕が彼に初めて会ったのは、2012年春。島根県と『ソトコト』が共同で運営する人材育成プログラム「しまコトアカデミー」の立ち上げのときでした。講師陣に島根の地域イノベーターとして活躍する人を加えたいということで名前が挙がったのが三浦さん。みんなが彼のことを慕い、信頼している様子が伝わってきて、島根には優秀な人気者の若者がいるんだな、と思っていました。

「しまコトアカデミー」は今年（２０１６年）で5年目。40代半ばの僕にとって、いまの20代、30代の人たちがどれだけの熱量で地域に関わりたいと思っているか、リアルに実感するのは正直難しいことです。いまは、本当にたくさんの地域の若者たちと接する機会があり、見えてきたものがありますが、２０１２年当時は、３・１１の影響が日本全体を覆っていましたし、僕自身の経験値も少なかった。そんななか、当時32歳だった三浦さんと対話できたことは自分にとって非常に有意義でした。

　三浦さんから教えてもらった、いまの島根や過疎地域の現状、若い人たちのローカルへの興味の高まり、ソーシャルビジネスへの挑戦など、礼儀正しく、聡明な説明を受けるたびに、自分がつくっている『ソトコト』の記事の答え合わせをしているような気分になりました。

「しまコトアカデミー」では、三浦さんも私もメンターの立場ですが、振り返ってみると、僕にとって、ローカルという価値観の最大のメンターは三浦さんだったのかもしれません。それは、三浦さんが島根県の江津（ごうつ）や浜田といった地域を拠点とし、ささやかかもしれないけれど、日々、確かな形で自分の地域に対する思い、そして仲間たちとの地域をよりよくしていく思いを優しい波のように外へ、外へと広げていく力に、ローカルヒーローのベースともいうべき姿を見ていたからです。

埋もれた地域の魅力をプロモーション

三浦さんの経歴はじつに輝かしい。ここ浜田市に生まれ、学生時代から国際問題に興味があり、元首相・橋本龍太郎氏の秘書を務めたあと、海外の貧困層の自立を支援するＮＧＯを経験。その後、自分のふるさと島根に関わる仕事がしたいという思いが募り、２０１１年にＵターンします。

「島根にはたくさんいいものがあるのに、それがうまく活かされていません。つまり、課題というのは、光るものがあるのに知られていない、伝わっていないという課題です。それまでプロモーションの仕事は経験したことはありませんでしたが、地域をプロモーションする人材が必要だと思ったので、思いきって地元で起業しようと決めました」

浜田市に戻った三浦さんは、隣町の江津市が募集していたビジネスプランコンテストに応募。これがきっかけとなり、江津のＮＰＯ「てごねっと石見（いわみ）」で商店街活性化プロジェクトなどの地域の企画や運営に携わりながら、起業の準備を進めました。

現場での経験を2年積み、２０１４年、浜田市に移り株式会社シマネプロモーションを設立。事務所は、築80年、約120坪もある大きなお屋敷をリノベーションしたもの。広さを活かし、1階はコワーキング・スペースを兼ねた事務所、2階は居住スペースとしてのシェアハウスを事業パートナーの岡本佳子さんが運営しています。

岡本さんも浜田市の出身で、三浦さんとは中学・高校時代の同級生。「しまコトアカデミー」の第1期生として参加したことがきっかけで、場所をシェアすることになったそうです。

手がけた事業のなかでも、特に「YUTTE」というセミオーダーの贈り物が人気です。島根はかつて民藝運動が盛んで、現在も腕のよい職人による工芸品がたくさんあります。また、出雲大社があることから、神事やお茶をはじめとする文化を背景とした食品も多数。それらを厳選し、美しい化粧箱に詰めた〝メイド・イン・島根〟の贈り物サービスです。

きっかけは、シマネプロモーションの社員のひとり、売豆紀拓（めづきたく）さんが、自分の結婚式で島根のものを詰め合わせて引き出物にしたいと探してもなかったことでした。

その話を聞いた三浦さんは、「ないなら、シマプロの事業として一緒につくろう」と動き出します。単なる勢いではなく、島根に眠っているさまざまな資源が頭にあったからです。

「お茶とお茶菓子文化が盛んな出雲地方では、化粧箱職人が現役で活躍しています。でも、どんなにきれいな化粧箱でも、それをつくっている人も利用する人も決して若くはありません。クリエイティブなプロダクトやデザインを好む若い世代には届いていません。この地域には、優れた陶器や民芸品もある。それらと地場産の食品や調味料など、本当にいいものを選び抜き、興味のある人たちにプレゼンテーションできれば、喜んでくれる人がきっといるだろうと思ったんです」

商品名の「YUTTE」には、縁結びの神様、出雲大社のイメージを取り入れ、箱のなかには島根を伝える素材や技術を〝結って〟、それらのストーリーとともにひとつの箱に詰めました。最初の注文は友人たちでしたが、口コミやSNSを通じて少しずつ広がり、松江市にショールームをつくると、さらに受注が増え、これまでに約50件の実績を上げているとのことです。

「YUTTE」が優れているのは、単に質のいい商品を集めて詰め合わせたのではなく、昔からある地域の資源を〝価値〟としてフィーチャーし、知らない人たちに新しく発見してもらおうとしているところにあります。

もうひとつユニークな事例を紹介します。島根県西部と山口県東部に展開する地元のスーパー「キヌヤ」。三浦さんは、このスーパーのロゴマークに注目し、●▲■の形がカッコイイと思っていたデザイン会社の「益田工房」代表の洪昌督（こうしょうとく）さんと同社社長に「Tシャツをつくりませんか」と提案。快諾いただき、キヌヤのオフィシャルTシャツやパーカーの製作、限定販売が実現しました。

YUTTEにしろキヌヤグッズにしろ、三浦さんが手がける〝メイド・イン・島根〟の魅力発信は、地元にあるものをどう面白がるか、そしてそれを地域の盛り上がりにどうつなげていくかという視点で行われています。彼の仕事ぶりから、地域をプロモーションするうえで重要なことが見えてきます。それは次の7つに集約されると思っています。

・その土地らしさを形にする。
・地域とつくり手のメッセージを伝える。
・地域の魅力がダイレクトに伝わるデザイン。
・面白く、ポジティブに見せる。
・従来、伝えきれなかった世代に届ける。
・ファッショナブルさを忘れない。
・発信する側が楽しんでいる。

特に、若い世代に広く発信するには、「オシャレ」「カッコイイ」「カワイイ」の3要素が重要です。三浦さんが仕掛けるプロモーションすべての根幹には、この3つが必ず含まれている。結果、全国の若者が島根の魅力に気づき、島根に訪れ、暮らしの場として選ばれるようになってきているのです。

同じ方向を見つめる仲間たちとともに

三浦さんはディレクターですから、そのアイデアや企画を具現化するデザイナーや、映像、写真、テキストを手がけるクリエイターの存在が欠かせません。彼の仕事を支えているのは、地元のプロフェッショナルたちです。地域デザインを得意とする益田工房や、空間デザインやプロダクトの製作を手がけるSUKIMONOをはじめ、クリエイター仲間がたくさんいます。

YUTTEが生まれるきっかけとなった社員の売豆紀さんは、元D&DEPARTMENTのメンバー。もうひとりの中村真理さんは東京の広告会社でブランディングやマーケティングを行ってきた経験を活かし、シマネプロモーションでは地域ブランディング事業、都市から地方へ人を動かすしくみづくりを担当。じつはふたりとも島根県の出身者で、三浦さんが時間をかけて一緒に仕事をしようと説得したそうです。

三浦さんに限らず、ローカルヒーローたちのまわりには価値観を同じくし、同じ方向を見つめている仲間が磁石に吸い寄せられるように集まってきています。

そうした人の集まり方、プロジェクトの発展の仕方を見ていてよく思うのは、やはり「仲間が仲間を呼ぶ」ということです。チームになる人たちは、お互いに惹かれあうところが必ずある。じつは意外とシンプルなもので、たとえば自分の趣味がそのゆるやかな関係性の始まりであったりもします。聴いている音楽、着ている服、尊敬する作家、よく食べる料理、好きなアクティビティ（余談ですが、西粟倉の「森の学校」の牧大介さんと「巡の環」の阿部裕志さんと私は、「釣り」が趣味という共通点からも、楽しい仲間づきあいや仕事づくりをさせてもらっています）。

そもそも、「地域づくり」に興味を持っている若い世代という点で、すでにひとつの強い共通意識が生まれます。ある意味では、大きなハードルを乗り越え、集った「同志」かもしれません。さらに普段のライフスタイルの価値観をプラスしてお互いを認め合うことができれば、これは大企業に入社してたまたま同期になった者同士や、人材交流会で名刺を交換して知人になった関係より、はるかに強い自主的な結びつきになるのです。

そういう点で、地域づくりを通じて気の合う仲間ができるということは、島根的な言い方をすれば、これは「ご縁」と「運命の出会い」のチームの結成ととらえてもいいのではないでしょうか。

「この仕事を遂行するために、こういうスキルを持った人が必要だ」という組織より、「何だか気の合う仲間が集まった。これは運命の出会いだ。特技はさまざまのこのグループでどんな仕事をつくろうか」のほうが、潜在的なビジネスチャンスや地域づくりの可能性にあふれています。そして、集まったスキルを絶妙に組み合わせていく判断を、三浦さんのようなローカルヒーローが見定めていくのです。彼らはみな、地域の未来を考えたうえで、どういう相手だったら一緒に組めるかをじつは綿密に（ときに本能的に）考えて動いているのだと思います。

地域のなかで「誰とやるか」はとても重要です。地域づくりを含めて、ソーシャルプロジェクト全般に言えることですが、ひとりよりも、まずは気の合う仲間によってスピード感を持って始まり、その後、二次的に入ってくる多世代のメンバーに支えられるケースがよく見てとれます。複数かつ多世代のメンバーによるチームは、意見の相違などで入れ替わりもあるかもしれません。しかし、組織としての柔軟性が養われていきます。

ここ8年ほど、日本の各地域で起こっている魅力的なプロジェクトを定点で観測させていただいていますが、もちろん、出会いと別れは多々あります。なかには、残念ながら解散や休止となっている活動も見受けられます。20代、30代の若い人たちにとっては3年もあればライフステージは意外と大きく変わります。だから、僕が見続けているこの8年は大きな人生の変化がたくさん起きるのに十分なスパンなのです。

三浦さんの最新のプロモーションは、地元浜田市の弥栄（やさか）町でつくられているお米のブランディング。「秘境奥島根弥栄」と名づけ、生産者の想いや生育環境などを美しい写真と映像、テキストで伝えるＨＰを立ち上げました。パッケージデザインも含めて非常にクオリティの高いものに仕上がっているのですが、この完成度を支えているのは三浦さんの仲間たち。センスも熱量も並外れて高いチームをつくったこと。それが、ローカルヒーローとしての三浦さんの最大の強みと言えるのかもしれません。

4　ソーシャル芋煮会でふるさとの食文化を守る
——伝承野菜農家　佐藤春樹（山形県真室川町）

放っておけないリーダー

リーダーは必ずしも、みんなをグイグイと引っ張っていくタイプとは限りません。なかには、一見頼りなさそうに見えたり、まわりから何かと心配されたりする、いわば「放っておけない」タイプもいます。

先頭に立って、先陣を切って物事を推し進めていくリーダーの場合、みんな、つい頼りっぱなしになってしまいがちです。でも、「大丈夫かな？」とどこか思わせるリーダーだったら、自分が手を貸してあげなくちゃとか、何かサポートできることはないかな、と積極的に関わるようになる。意図的ではないにしろ、放っておけないタイプのリーダーのまわりには、自然と自分も手伝うよという仲間たちが集まってくるようです。なんでもひとりで完結できてしまう万能型のリーダーでないからこそ、多くの人を巻き込み、盛り上げていく力につながるのだと思います。

山形県真室川町で伝承野菜農家を営む佐藤春樹さん（35歳）は、まさにそんな「放っておけない」ヒーロー。

「春樹くんの言うことなら仕方ないな」

取材の間じゅう、何度も彼の周辺の人たちから同じような言葉を聞きました。そんなヒーローの人柄にふれる前に、プロフィールを紹介しておきましょう。

伝承野菜とは、その土地で古くから栽培され、何世代にもわたって種苗が保存されてきた在来作物のこと。山形県にはそうした伝承野菜が数多く残っていて、佐藤家では室町時代から伝わる「甚五右ヱ門芋」という里芋を代々絶やさず、守ってきました。

甚五右ヱ門芋は、粘土質で水分をよく保つ、ここ大谷地の土地でしか育たない里芋で、粘り気が強く、やわらかいのが特徴。以前は佐藤さんのおじいさんがおもに米づくりを担当し、おばあさんが野菜と甚五右ヱ門芋を栽培していましたが、現在は「じいちゃん、ばあちゃんとみんなで芋作りをしております！」とのこと。

小学2年生まで真室川で育ち、その後新庄市へ引っ越してからも、たびたび遊びに来ては農家だった祖父母の農作業を手伝っていたという佐藤さん。米づくりだけでは十分な稼ぎが得られないことをそばで見ていて、「農業でちゃんと生計が立てられるように、お金になる何か面白いものをつくったらいいのに」と思っていたそうです。

その後、農業大学に社会人研修で2年通い、伝承野菜の存在を知ります。自分の家の甚五右ヱ門芋がそうではないかとピンときた佐藤さんは、山形大学で在来作物の研究をしている江頭宏昌（えがしらひろあき）准教授や役場の人に調べてもらい、伝承野菜であることを知りました。

２００９年、29歳で佐藤家の20代目として本格的に芋づくりを継承。それまで20株程度の栽培だった甚五右ヱ門芋の生産量を増やすため、田んぼだったところを徐々に畑に変えていきます。いまでは、約１８０アールの広大な畑で約３万株、重さにして約20トンの芋を収穫するまでに。

たくさんつくっても、食べてくれる人がいなければ無駄になってしまいます。佐藤さんは、甚五右ヱ門芋を売るべく、県内の旅館をはじめ、東京のスーパーやレストランなどを営業してまわり、ホームページでもネット通販するなど販路を広げていきました。その成果あって、毎年収穫した芋は12月にはほぼ完売。

デザインが地域の魅力を引き出す

じつは僕が佐藤さんのことを知ったのは、山形にＵターンした後輩編集者から甚五右ヱ門芋を送ってもらったのがきっかけでした。小包を開けると、猪や熊や狐、兎のイラストがあしらわれたカッコいいデザインの箱に立派な里芋が詰まっていました。「仲間たちが新しい商品をつくったのでよかったら食べてください」との手紙と、「甚五右ヱ門芋のおいしい食べ方」と題されたブックレット。そのデザインも洗練されていて、秀逸でした。見ると、「山形県真室川」「最上伝承野菜農家　森の家」と書いてある。ただの里芋ではなく、室町時代から４００年以上、田畑の片隅の小さな畑でひっそり育てられてきた小さな芋があるとの説明を読み、調べると、若い青年が継いで頑張っていることがわかった。これはどこかのタイミングで取材に行かなければ、と頭のなかにインプットしたのが２０１１年秋のことでした。

その少しあと、どこで手にしたかよく覚えていないのですが、甚五右ヱ門芋の芋祭のフライヤーを見つけます。これがまた素晴らしいデザイン！

肥沃な土のイメージが伝わってくる素朴さと洗練さを兼ね備えて、かつ、やっぱり太く力強い。農業の面白さ、農家の暮らしの豊かさを視覚で強烈に伝えてくれるレイアウトでした。これは、地域に眠っていたストーリーを顕在化して、朴訥さだけで勝負をしない手法、新しい地方の農文化から、都市に住む若い生活者への返答のような気がしました。

　何代にもわたって受け継がれてきた伝承野菜を守ろうという若い農家と、彼を応援する仲間たちが真室川を盛り上げようとしている。その芽吹きを感じ、2012年9月の「芋祭」を訪れました。

　じつは、そのころ僕は編集者として転機を迎えていました。2011年6月に『ソトコト』の編集長を引き継ぎ、雑誌の方向性を模索している時期だったのです。それまで『ソトコト』が発信していたエコとかロハスではない、新しい価値観を提案する時期に来ているという意識が強くあったからです。

　みんなが東日本大震災を経験し、社会や地域のことを考える若い人たちが増えている実感があり、「ソーシャル」を大きな軸として『ソトコト』をつくっていこう、そう決めました。2012年12月号では「若い農家が日本を変える」という特集をすることも決まっていて、そこに甚五右ヱ門芋の保存を受け継いだ佐藤さんはぴったりだ、という目論見もあり、真室川を訪れたことを覚えています。

ひとりでは難しいことも、みんなの〝得意〟が集まれば

佐藤さんとおじいさん、おばあさんが住んでいる家を訪ねると、その立ち姿全体から優しそうな雰囲気に包まれた佐藤さんが現れました。そして、芋祭の会場となる畑やワークショップ体験の施設について説明をしてもらうなか、彼に加えてふたりの男性が出迎えてくれました。みんなそれぞれ、眼鏡や帽子など、小物のあしらいがうまく、飾りすぎていないオシャレな感じ。３人が揃うと、何とも賑やか。お互いの心が打ち解け合っている感じがこちらにも強く伝わってきて、「楽しそうなコミュニティだなあ」と、こちらも初対面なのに、自然に嬉しくなりました。

ひとりは、甚五右ヱ門芋のパッケージやレシピブック、フライヤーなどデザイン全般を担当するアカオニの小板橋基希（こいたばしもとき）さん。もうひとりは、真室川町役場の職員（現在は退職し、農家兼わら細工の職人として工房ストローを主宰）の高橋伸一さん。彼は当時、地域のブランド戦略を主に担当し、山形の若い力と地域をつなげるパイプ役として精力的に活動しており、何かと佐藤さんの相談役になっているようでした。ふたりともとてもフレンドリーで、僕たちの「若い農家」の取材の意図をしっかりと理解してくれました。

そもそも山形県内では、里芋の収穫期（10月頃）に合わせて河原で家族や仲間とひ

とつの鍋を囲む「芋煮会」があちこちで開かれ、秋の風物詩となっています。佐藤さんも最初は、家族と収穫を手伝ってくれた人たちへの労い(ねぎら)の気持ちをこめて、芋煮を囲んだ収穫祭を開催してきました。

しかし、農業に自ら従事し、最上地方にはほかにも伝承野菜がいくつもあること、長年この地で農業を続けるお年寄りたちの手によって、なんとか種をつないできたことを知ります。また、この地域特有のわら細工などの手仕事や伝統行事などにも興味を抱くように。

「伝承野菜だけでなく、真室川の食文化や地域に残る文化を伝承していきたい」

佐藤さんの意気込みを聞いた小板橋さんは、「真室川のことを多くの人に知ってもらうことがまず大事。主役はもちろん芋だけど、来場者の人に地域の文化を体験してもらえるように、ワークショップもしよう」と提案。ちなみに、僕が目を奪われたフライヤーは、もちろん小板橋さんが代表を務めるアカオニによるものです。

高橋さんも、規模を大きくするなら予算が必要と、地域ブランド振興に携わるキャリアを活かし、同時期に開催される予定の「もがみ観光博」の助成を受けられるよう動いてくれました。さらに、真室川のさまざまな文化に造詣が深い高橋さんは、この地域に古くから伝わる唐辛子編みの講師を買って出てくれたそうです。

　そのほか、たくさんの応援を受けて開催された2012年芋祭は、大盛況。県内外から集まった150人以上が、芋掘りと芋煮会、真室川の食と農の文化を体験できるワークショップを楽しみました。

若い力と、それを見守る地域の人たち

　その夜、会場近くのバンガローに60人くらいが泊まって打ち上げをするというので、僕たちも参加させてもらうことに。驚いたことに、みんな若い！

　昔から地域の行事が終わると、関わった人たちで集まってお酒を飲んだりする習慣はありましたが、年配の方の集まりだったという印象があります。それを、20代、30代の若い人たちが中心になってやっている。しかも、どこかの企業や団体が利益を出すために仕込んだイベントではなく、みんなでまちを面白くしよう、盛り上げようと自分たちでつくり上げたステージです。今年の芋祭はここがよかった、来年はこうしよう。真室川をもっと知ってもらうために、こんなことをしてみてはどうだろう……。若者たちが生き生きとまちの未来を語る様子を見ていて、僕は大いに希望を感じました。山形の北東部にある小さな山村で、農業を中心に面白いことを企て、人を集める力のある若いコミュニティがあるということが新鮮だったのです。

冒頭述べたとおり、その中心にいた佐藤さんが、グイグイ引っ張るタイプのリーダーでなかったのも印象的でした。

彼は、「自分が、自分が……」という自己主張の強い話し方をしません。むしろ「○○くんが……」「○○さんが……」と、誰かが何かをやってくれたから実現できたんだ、と必ずまわりを立てる。みんなのおかげでいまがあるというのを、強く意識している人でした。だから、彼のまわりに人が集まり、みんなから「春樹くん、春樹くん」と慕われるのでしょう。

芋祭は年々規模を拡大し、2015年は県内外から200人もの甚五右ヱ門芋ファン、真室川ファンが集まりました。毎年、この大盛況を支えているのは、若い力だけではありません。事前準備に汗を流してくれた地元の方々の協力がありました。芋煮に加えて、真室川の食文化を伝える郷土料理をつくってくれたお母さんたち。まだ暑さの残るなか、畑にテントを張り、テーブルをセッティングしてくれたお父さんたち。準備に精を出す地元のみなさんの様子を見ていて、佐藤さんの頑張りを、こんなにもたくさんの人たちが見守ってくれているのだなと思い、温かな気持ちになりました。

僕は常々思うのですが、地域が元気になるためには、若い力だけでもだめで、上の世代の力だけでもなかなかうまくいきません。

そもそも、日本人の生活の優れている点は、白か黒かの境界をつくらずゆるやかになだらかにつながっていく文化です。里山もしかり、日本家屋もしかりで、そこには、内と外が自然につながる上手なしくみが存在しています。コミュニティもこの価値観に則っています。

日本の各地で若者たちが表に出て、盛り上がっている地域を訪ねてみると、そこには必ず先輩世代の大人たちの姿が背後にあります。表に出るのは、若い人たち。でも、彼らの舞台を細やかに調整したり、背中を押したり、便宜を図ってくれている大人がいるかいないか、若い世代と高齢者の世代がよどみなくしっかりと交流できているかどうかで、その土地の盛り上がりは異なるように思えます。寸断されていないコミュニティの構築は、このような世代間のつながりによって生み出されるのでしょう。

「べき」論では人の共感を得られない

もうひとつ新鮮だったのは、佐藤さんから「農業とはこうあるべきだ」といった話が一切出てこなかったことです。

自分が農業とこれからどうつきあっていきたいかとか、真室川や最上地方、ひいては山形の若い人たちと一緒に、昔の人たちが大事に守り育ててきた伝承野菜や手仕事の文化をどう盛り上げていきたいとか、最後までそういう話題ばかりでした。彼は農家でありながら、野菜をつくっているだけの人ではない。自分のふるさとの未来を、自分ごととして考え、行動しているローカルヒーローなのだと強く感じました。

新規就農する人たちのなかには、農業をやるからには自然農法や無農薬・有機栽培でなければとか、自給自足の暮らしを目指してとか、ある意味ストイックに農業を考えている人もいるでしょう。そのこと自体は僕自身も好きな考えですし、それぞれに正当性があり、理にかなっている場合もあるのですが、そろそろ伝え方の方向転換をすべきだと僕は思うのです。

「環境に優しい」「安全」「エコロジカル」……そういった言葉がパッケージに並ぶ商品を目にするたびに、いまの時代、これらの言葉に頼りすぎてしまうと、目新しさや刺激がなくなって風化してしまい、広い生活者層に届かないのではないかという気がしています。これらの謳い文句は聞こえがいいように感じますが、わかる人にだけわかればいいという閉鎖的な雰囲気もどうしてもしてしまう。そして、興味のある人を明確に線引きしてしまう。僕はもう、こういった惹句は二の次でいいと考えています。まずいま、地方で優先すべきは個人の主義ではなく、地域の未来だからです。人はひとりでは幸せになれません。地域全体を個人が考えることが大切です。

『ソトコト』は、環境問題を扱っている雑誌なので、そうした表現には非常に敏感です。どんなに正しいことでも、人に受け入れられなければ広がりません。大上段に環境問題を振りかざしても、人々が素通りしてしまうように、農業や食の問題も「こうあるべきだ」というはっきりとした正論だけでは届かないのです。

佐藤さんはサラリーマンを経験しながら、農業大学で学び直し、そしておじいさんの後を継ごうと真室川に戻ってきた。農業についてはまだ勉強中で、おじいさんや地元の農家の先輩から教わりつつ、試行錯誤で取り組んでいます。だから杓子定規に「農業とはこうあるべきだ」とならないのでしょう。それより彼の関心は、どうしたら真室川が盛り上がるか、みんなが楽しめるか、というところにあり、その真ん中に守り継いでいく「芋」がある、という図式なのです。

「真室川を元気にしたい」というひとりの若者の志から始まった取り組みが、いま、これだけ大きな渦となって真室川の人たちを動かしているのは、やはり彼が知識に凝り固まらず、まわりの人たちから学びながら、経験しながら、柔軟に変化していっているからなのだと思います。

クリエイターは農家の応援団

いまでこそ若い農家が増えていますが、ひと昔前、僕の感覚では15年くらい前までの若者は、農業なんてダサい、自分の家が農家なんて恥ずかしいと思っていました。

それは、マスメディアが圧倒的な力を持って、特定のトレンドをつくれていた時代でもあったからです。東京的なもの、自分を着飾ることができるもの、他人の生活とのレベルの差を顕示できるものなど、どれも大量消費社会のしくみのなかで、その流れがストップしてはいけない拡大構造の経済においてカッコいいといわれるものが短命の周期で生み出されていきました。

そのマーケットにさっぱり入っていない職種、それが第一次産業でした。その筆頭の農業は、クルマを生み出しません。田んぼから衣服も生まれません。無機質さが最先端とされる流行の分野から最も遠い、有機質の世界です。

農業を志す若者が増えたのは、この、無機質なものを追いかける社会や、マスメディアの衰退、インターネットの普及と前後しているように思えます。みんなそれぞれが、じつは多様な趣味や価値観を持っていたということがわかったとき、安心し、解放された人は多かったでしょう。農業はそもそもが、土と対話する人がものを生み出すクリエイティブな仕事です。しかも、そのものは、人が生きていく行為で最も大切な食べもの。こんなに人に誇れて、かっこいい仕事はありません。

最近のヤングファーマーズたちは、佐藤さんも含めてオシャレです。そして、クリエイティブ。田畑を耕しながら、マルシェを開いたり、彼のように農業を軸にして地域を盛り上げ、人やモノをつなげようとしている若い農家たちが全国に増えています。彼らのクリエイティビティにいちばんに反応したのが、デザイナーでありアートディレクターであり、フォトグラファーといったクリエイターでした。

農業もクリエイターもモノを創り出す仕事であり、手仕事だということが共通しています。クリエイティブな仕事をしている者同士、リスペクトし合っている。特に、クリエイターたちは、僕らの命をつなぐために必要不可欠な「食」を自分たちの手でつくっている一次産業生産者に対して、大いなる尊敬心を抱いています。だから彼らの営みを、いちばん近いところで「すごい！」と讃え、鼓舞してくれる。いまの若い農家にとってクリエイターの存在は、頼りになる応援団なのです。

農家の人たちは、どんなにいいものをつくっても、どう伝えたらいいかがわからないことが多い。彼らにとっていちばん大事なのは、自分がつくっているものの魅力を、広く伝えてくれる存在。それはやはりクリエイターの仕事です。

佐藤さんにとっては、アカオニの小板橋基希さんと、真室川町役場の職員だった高橋伸一さんのふたりがそばにいてくれたことが大きかった。

甚五右ヱ門芋は、商品のクオリティとパッケージのクオリティ、それに加え、「芋祭」という空間を演出するクオリティが絶妙のバランスで成り立っています。

まず、空間をつくったのが、高橋さん。彼は役場の職員ですから地域の人たちのことをよく知っています。その人脈を活かして、地元のお年寄りやおじさんおばさんに「今度、春樹くんがこんなお祭りやるので手伝ってもらえると嬉しいです」と声をかけて回ったり、会場に必要なテントやテーブルをあちこちから借りてきたり、ワークショップをする場所が必要となれば「じゃあ、あそこにかけあってみるよ」と動いてくれました。そうやって高橋さんがつくった真室川という空間に、みんなをつなぐ甚五右ヱ門芋を佐藤さんがつくり、小板橋さんが美しいデザインで伝えてみせた。

デザイン×生産者×商品（芋）という、本当に素晴らしいトライアングルができた。それが、真室川の活性化につながっているのだと思います。

僕は地方でトークイベントをするとき、この写真（次頁）を必ず持っていきます。そして、「みなさんのまちを元気にする方法がこの一枚に詰まっています」と言い、こんなふうに続けます。

「ひとりの生産者がいます。彼は自分から発信するわけではなく、何となくみんなが

佐藤春樹さんを囲む、小板橋さん(右)と高橋さん(左)。プライベートでもいい関係の3人だが、この「デザイン×生産者×商品」というトライアングルがまちの活性化につながっている。見るたびに、いつも惚れ惚れしてしまう一枚。(写真・奥山淳志)

心配するような立ち位置にいます。ちょっと頼りなげでもありますが、地域の人気者です。彼のまわりには、『じゃあ、自分が応援する！』と、商品が売れるようにデザインを買って出てくれるデザイナーや、それを味わってもらえる場所をつくるために予算を取ったり、空間づくりに動いてくれる行政マンがいました。

つまり、生産者とデザイナーと公務員。この3人さえいれば、どんな地域のまちおこしもできるということです」

こう説明すると、みなさん深くうなずいて納得されるようです。まちづくり、地域活性化のハードルがぐんと下がるのだと思います。

おもな産業が一次産業である地域は全国にたくさんあります。佐藤さんたちが甚五右ヱ門芋を中心にして、地域のつながりや連携をつくり、都会の人たちに芋のおいしさだけでなく、真室川というまちの魅力を発信し、たくさんの人を集めることに成功したように、一次産業、特に身近な農業にはコミュニティをつくる力があるのです。

佐藤さん自身、そのことに気づいているかどうかはわかりませんが、彼の取り組みは、自分のまちをプロデュースしていることにつながっています。これからも、地元のデザイナー、公務員、そしてまちの人たちの力を借りながら、甚五右ヱ門芋という地域の宝を使って、真室川を面白く、素敵にプロデュースしていくのでしょう。

第5章

地域の未来をみんなでつくる

地方の未来を拓くキーワード「関係人口」

２０１６年1月から、『ソトコト』創刊２００号記念企画として僕が全国の地域へ伺ってトークをするイベントを行っているのですが、クローズドのものや講演・講座を含めると、10月末の段階で70回を超えました。２０１２年に『ソトコト』の軸を「ソーシャル」にシフトし、その認知がじわじわと広がっていたのでしょう。

どの地域へ伺っても求められるのは、「若い人たちを呼び込んで元気な地域は、いったいどんな施策や仕掛けでムーブメントをつくっているのか、全国をつぶさに見て回っている人間に話してもらいたい」ということです。話を聞きに来てくれる方々はみなさん真剣そのもので、自分たちのまちを活気づけてくれる担い手をどう見つけたらいいか、若者に来てもらうにはどうしたらいいかについて、本気で考え取り組もうとしているのをひしひしと感じた1年でした。

いま僕は、取材や事業、トークイベントで毎月3～5つの地方を訪ねています。そのなかで見えてきた、「魅力ある地域のつくり方」そして、「これからの地方」について語っていきたいと思います。

地方を元気にする方法として、これまでは移住者が増えて人口増を目指すことか、観光客がたくさん訪れることによって経済効果が上がるかのどちらかが主流でした。

しかし、日本はこれからどんどん人口が減り、東京ですら２０２０年には人口減に転じると予測されているなか、このふたつの方法で人を集めることはどの地域でも難しくなっています。地方の課題は、人口減に歯止めをかけることではない。そこにいち早く気づいた地域が、真っ先に取り組んでいるのが「関係人口」を増やすことです。

地域経済の活性化戦略のひとつに、「定住人口」「交流人口」というキーワードがあります。その地域に住んでいる人を「定住人口」と呼ぶのに対し、地域外から旅行や短期滞在で訪れる人のことを「交流人口」といいます。これまでは、このふたつのどちらに政策の重きを置くかということが行政の視点でした。ところが最近、どちらにも当てはまらない新しい人口が生まれています。「関係人口」といわれるものです。

関係人口とは、言葉のとおり「地域に関わってくれる人口」のこと。自分のお気に入りの地域に週末ごとに通ってくれたり、頻繁に通わなくても何らかの形でその地域を応援してくれるような人たち。いくつかの地域ではそうした関係人口が目に見えて増えており、そこでは中心となる人が地域づくりを始めるようになりました。ローカルヒーローとして紹介してきた「パーリー建築」や「ペンターン女子」、「たからさがし。」などはその代表例といえます。「交流人口」と違い、積極的に地域の人たちと関わり、その社会的な足跡や効果を「見える化」しているのが、「関係人口」といえるでしょう。

「地元」を複数持てる時代に

関係人口における地域との関わり方にはいくつかのパターンがあります。たとえば、ローカルのシェアハウスに住んで、行政と協働でまちづくりのイベントを企画・運営するディレクタータイプ。また、東京でその地域のPRをするときに活躍してくれる都市と田舎をつなぐハブ的存在。このタイプの人は、首都圏に住みながらその地域が好きで頻繁に訪れていて、地元のことに精通している。外の目線で、ローカルの魅力を伝えてくれる。さらに踏み込んで、都会暮らしをしながら、ローカルにも拠点を持つ「ダブルローカル」を実践する人も増えています。

もうひとつの関わり方としては、圧倒的にその場所が好き、というシンプルな関係があります。彼らにとってはたとえ東京から6時間、7時間かかろうが、その地域との関係の密度が高ければ「遠い」ことが苦になりません。こういう熱烈なファン層は統計データには上がりませんが、かなり多いと思います。

このように、さまざまなタイプの関係人口が増えている背景のひとつに、仕事の多様化があります。比較的クリエイティブな仕事というのは、インターネット回線とパソコンさえあればどこでもできる時代です。移住は難しいけれど、定期的に地方に通い、ローカルライフを楽しみ、そこで仕事もして、また都会に戻りビジネスライフを送る。都会も地元だし、地方も地元。そんな「地元」を複数持つライフスタイルが比較的簡単にできる時代なのです。

では、定期的に地方に通ってくれる関係人口を増やすには、どんな戦略が必要なのでしょうか。ひとつの地域を例にお話ししたいと思います。

今年だけで3度訪れた、兵庫県の城崎温泉。一度は出張トークイベントで、もう一度は家族とのプライベートで、そして最後の一回は特集の取材のためでした。城崎は豊岡市の行政とのご縁もあり、数年前から、まちづくりでご一緒する機会を得ています。歴史ある温泉地であり、志賀直哉の小説『城の崎にて』の舞台としても知られる観光地です。ひと昔前は中高年の旅行先として人気だったのですが、最近、若い人たちも遊びに来るまちに変化しています。

その立役者のひとりに、３・11を機に、東京から故郷の豊岡にUターンした田口幹也さんがいます。彼は、東京・青山の書店「ユトレヒト」のカフェスペースの運営を始め、都内で人気のカフェやバーを経営したり、メディアの立ち上げに関わるなど幅広い活動を行ってきたなかで、ブックディレクターの幅允孝(はばよしたか)さんや、ユトレヒト元代表の江口宏志さん、SOUP DESIGNの尾原史和(おはらふみかず)さん、グラフィックデザイナーの長嶋りかこさんなど、日本を代表するクリエイターとの人脈を培ってきました。

田口さんはそうしたつながりを活かして、東京から仲間たちを豊岡に呼び、城崎温泉や風情ある城下町を案内してまわった。昔ながらの観光地としてではなく、新しい豊岡の魅力をつくっていきたいと考えていた田口さんの戦略です。その結果、みなそれぞれに豊岡を気に入ってくれて、プライベートで訪れるようになったそうです。これこそ、「関係人口」を増やした好例といえます。

これまでは関係のなかった地域に、知り合いがいるから行ってみたら思いのほか自分に合っていた。そこで仲間もできたし、気に入って何度か訪れるうちにまちのPRを手伝うようになっていた……。こうした事例がいま、あちこちの地域で生まれています。いまや関係人口がまちを元気にする大事なプレーヤーになっているのです。

まちのカラーに共感する人を呼び込もう

関係人口を増やすために、まちづくりに関わるみなさんにまず意識していただきたいのは、移住してもらうことをゴールに設定しないことです。特に行政の方は、向こう10年で移住者を〇人増やさなければならないといった数字にとらわれがちですが、一度、その目標数値をはずして考えてみてほしいのです。
真剣に地域のことを考えてくれるひとりと、観光目的で訪れる一過性の関係の１０００人。地域にとってどちらが大事なのでしょうか。僕は、地域の未来のために大事なのは前者だと考えています。この人が自分の地域に関わってくれたら、よい方向に動き出すに違いないと思える存在。そんな熱意のある人がひとりでも増えることが、まちづくりを動かしていくのです。

移住や観光で人をたくさん呼びたい気持ちはわかりますが、移住はハードルが高く、観光は一過性でしかない。自分たちのまちにどんな資源があり、どんな人が関わってくれたら未来が切り拓かれていくのかを、もっと掘り下げて考えるべきだと思います。おいしいパン屋さんができたら、都会から若い人たちが来てくれるのか。オシャレなカフェができたら人の交流が生まれるのか。誰が来たら、何が起きるのか。それをしっかり考えることが、関係人口を呼び込むうえで大事なステップなのです。

ただ人がたくさんいることが幸せな時代は終わりました。人口が集中している東京の都市生活者がある意味、消費やノイズ、そして社会システムに囲まれすぎて、ややもすると自分の時間を割かれ、幸せではないように。

ただ、東京でも一部の個性あるまちは活気づいています。吉祥寺や西荻窪、墨東や谷中、椎名町、二子玉川など。ちいさなまちづくりが複層に始まっている地域です。これらに共通するのは、独自のカラーがあるということ。つまり、地域の幸福度は「人口」ではなく、「独自性」や「カラー」ではかる時代になっているのです。地域のカラー、個性、特性。さまざまな言い方がありますが、要は、それを「価値」として共感し、求める人たちに届くメッセージをつくれるかどうかがポイントなのです。

城崎温泉は、昭和の時代に文学のまちとしてPRしてきましたが、志賀直哉で人を呼び込める時代でなくなり、色褪せてしまっていた。でも、田口さんのような現代的センスを持った人がUターンしたことで、人気作家の湊かなえさんや万城目学さんが城崎を舞台にした作品を生み出し、新しい文学のまちとして再活性化を果たしました。関係人口の増加策を考えるうえで、豊岡市のケースは参考になると思います。

観光案内所でなく関係案内所をつくろう

これまで、多くの地方は観光振興に力を入れてきました。しかし、この「観光」の形も時代とともに変わりつつあります。具体的な取り組み事例を見ましょう。

2016年9月、盛岡市肴町（旧十三日町）で昭和初期の建物をリノベーションする新しい複合施設「十三日」の計画がお披露目されました。僕はそのお披露目会に呼ばれて、「小さな街の編集術」と題してこんな話をしました。

「どのまちにもたいてい駅の構内や近くに観光案内所がありますよね。でも、そこで何か新しい情報が得られるとか、ときめくことには出会えない気がしませんか？　僕は以前からそう感じてきました。特に、ローカル志向の若い世代は、地域で気の合う仲間や自分とテイストの似ている場所を探しています。だから、『十三日』は観光案内所ではなく〝関係案内所〟になるといいと思います」と。

これからの地方は関係人口を掘り起こすことが求められているわけですが、じゃあその関係を案内する場所としてはどこが機能しているのかというと、これが意外と盲点になっていて見当たりません。「関係」を案内するということは、「消費」の上にあるきっかけづくりです。誰もが、自分のオリジナルの世界を生きています。だから、そのオリジナルの世界の文脈に近い、新たなストーリーや出会いをうながすことで、旅や、余暇の価値は高まります。案内をする側は、そこも含めて、対象となる人の嗜好や性格を理解しようとする努力をしなければなりません。

そういう動きはすでに始まっていて、北九州市小倉にあるゲストハウス「Tanga Table（タンガテーブル）」は宿泊施設の機能だけでなく、ゆくゆくは北九州の面白い場所や地元の人を紹介するハブを目指しています。実際、大学生が泊まって、自分より少し上の世代のカッコイイ大人と出会って、彼らを通じて北九州や小倉の面白さを発見しています。旅を好む若い世代はセグメントされた社会観のなかではあまり生きておらず、じつは世代を超えたコミュニケーション能力に長けています。彼らがインフルエンサーとなって、ゲストハウスや大人たちの魅力を持ち帰り、仲間に伝える。最高のＰＲになるわけです。

関係性の時代。これは雑誌にもいえることで、ネットでほとんどの情報が得られるなか、情報誌はもう必要なくなってしまった。いま雑誌に求められているのは、「関係性」としての価値。そこに載っている場所に行ってみたらいい出会いがあって、さらに違う人を紹介してもらった、というような「関係づくり」ができることだと思います。

まちづくりの課題、世代間の壁をどうするか

第2章の「下田写真部」（82頁）のところで、まちを元気にしたいという意欲のある若い世代と、これまでまちづくりを担ってきた先輩世代（50〜70代、地域によっては90代まで）との間にある世代間ギャップが、まちづくりの課題になっていることが多いと指摘しました。日本の高度経済成長やバブル期を知る世代は、人口が増えるか、

お金が儲かるかという拡大成長によってまちが活性化する。それこそが「まちの幸福」であり、「豊かな暮らし」につながると考えています。

それに対して、いまの20代の価値観はまったく違います。好景気に沸いていた日本を体感していない彼らは、先輩世代とは異なる、新しい「まちの幸福」「豊かな暮らし」をつくろうと模索しています。それは、お金や消費ばかりに頼りすぎない、人のつながりを大切にするような、地に足のついたコミュニティづくり。僕は、彼らの創造する地域の形こそ、人口が減り続け、経済規模も縮小していくこの時代にふさわしい持続可能なまちづくりのあり方だと考えているのですが、先輩世代とはどうしても価値観が合わずに、乖離してしまいがちです。

世代間に立ちはだかる見えない壁をどうするか。この課題に対して、僕はこう考えています。

「人は人に興味を持つもの」。これは初代『ソトコト』編集長の小黒一三(かずみ)の言葉ですが、僕もまったくそう思っています。だから、旅のスタイルも、神社仏閣や史跡めぐりなどいわゆる観光施設を訪ね、おいしいものを食べて満足、という時代から、「人に会いに行く」旅が特に若い人の間で広がってきています。

一方で、人に興味があるということは、人が怖いことの裏返しでもあります。さまざまな社会課題は、その裏腹の人間心理をよく表していると思います。たとえばLGBTの人たちへの理解がなかなか進まないのは、彼らとどうやって接すればいいかがわからないからでしょう。ローカルの世界も同じです。もともとの住民と移住者。先輩世代と若者。移住者に対して「よそ者のくせに……」と言ったり、先輩世代が若者に「あいつらのやっていることはカネにならないじゃないか」などと言ったりするのは、相手をよく知らず近づけないからなのです。どうすれば、恐怖心を取り除けるか。答えは簡単で、アウェイだと思う場に、みずから参加してみることです。先輩世代の行く飲み屋さん、若い人たちの集うカフェ、自治会とワールドカフェ、一見違うように感じますが、その場で話されていることの根幹は同じで、共通言語も多々あります。この交換留学ならぬ、交換参加は、歩み寄りに効果があります。

若者も先輩世代もお互いを必要としている

この本を手にとってくださった先輩世代の方は、若者がまちづくりに関わることに対して歓迎してくださる方だと思います。ぜひ、彼らとの交流を持っていただけたら嬉しいです。若い世代が何を考えているか、自分たちのまちの未来をどんなふうに描いているかを知るには、若い人の集まりに顔を出してみるのがいちばんです。

グループだと、どうしても相手を身構えさせてしまうので、できればひとりで行ってみてください。最初は気恥ずかしいかもしれませんが、若者とつながるいちばん手っ取り早い方法は、個人で行って自分の人となりを見せることだと思います。

僕もよく若い人が主宰する地域のイベントに呼ばれて伺うことがあるのですが、20代、30代に交じって、ひとりで来ている年配の方を時折見かけます。話しかけてみると、みなさん柔軟な考えを持っている。つまり、若い世代の価値観が理解できる、しなやかなマインドの人たち。このような方に巡り合えたら、その地域はハッピーです。いい仲介役になってくれるでしょう。

一方で、残念ながら若い世代が先頭に立ってまちづくりに関わることをよく思わない先輩方もいます。彼らは、たぶん自分たちのつくり上げてきたものを否定されることが怖いのだと思います。

いま60代半ばから70代前半の全共闘世代といわれる世代の方々は、自分たちが若者だったときに上の世代を否定することで次の文化をつくってきた世代です。ですから、現代の若者から「いまのやり方は間違っていると思う」とか「もう古い」などと言われると、彼らも時代に合わなくなってきたという自覚はあってもプライドが許さないでしょう。

でも、いまは昔のように対抗勢力を原動力に行動する時代ではありません。若い世代は、自分たちが面白いと思うことをやりたいだけで、先輩世代を否定したり敵対したりしているわけではないのです。そのことに早く気づいてもらえたらなと思います。若い人も、同世代だけで連帯するのではなく、異なる世代の先輩方とのつながりを持つといいと思います。恒常的にまちづくりを協働できなくても、年に何度か、サポート隊として先輩たちの取り組みに率先して関わる。自発性が大事です。何でもそうですが、自らやることと、言われてからやることでは、同じ内容でも印象がまったく異なります。勢いだけでもいいのです。自ら協力する姿勢をアピールしてみましょう。

パラレルローカルなまちづくり

世代間に関してもうひとつ思うのは、年齢差があれば考え方や価値観が違って当然ですから、無理矢理一緒にやる必要はないということです。むしろ、パラレルローカルという価値観で、それぞれがやりたいことを平行に進めていったほうがうまくいくと思うのです。

それは、これまでの行政主導のまちづくりの反省からもいえることです。少し前まではまちづくりといえば、中心市街地活性化など大きな都市計画のもとに商業施設をつくり、道路を整備するなどの再開発が主流でしたが、みなさんもご存知のように、その多くが莫大な資金を投入しただけ、回収ができずに失敗に終わりました。

同じ轍を踏まないためには、Open A の馬場正尊さんが提案している「エリアリノベーション」の概念をまちづくりに取り入れるといいと考えます。ある一角に、小さくて魅力的なお店ができ、またその近くに魅力的なお店ができる。そしてまた、人が集まるお店が生まれる。こうやって点と点だったものが面になり、そのまち自体の価値を引き上げていく。これが「エリアリノベーション」の考えです。

巨大な商業施設を20年計画でつくるのでは完成する前にみんなが歳をとってしまうし、場合によっては結果を見せられないまま終わってしまうかもしれません。ですから、すぐにできることを少しずつやったほうがいい。本書で紹介したローカルヒーローたちの手法は、ゼロから新しいものをつくるというよりも、すでにあるものをいまの時代に合った形に手を加えることで、若い世代が集まれる場やしくみをつくるというもの。大きく変えずに、少しずつ調整してみんなが心地よく感じられるものにしていく彼らのやり方は、この時代にいちばんふさわしいまちづくりといえるのではないでしょうか。

補助金に頼らず小さく始めよう

従来のまちづくりが「お金を生まなければ意味がない」と考えられていたように、国や行政からの補助金ありきでさまざまな地域活性化策が行われてきた時代が長く続いてきました。でも、どんなに補助金をもらって商業施設をつくっても、空き店舗対策をしても、イベントを開催しても、それらが継続して人が集まり、利益を生み出す状態にならなければ、一過性の打ち上げ花火で終わってしまいます。それでは、補助金の無駄遣いといわれても仕方がありません。

やはり、理想は補助金に頼らないまちづくりです。そのほうが時代に合っているし、補助金に頼らなければ小さな規模からしか始められません。大きく挑戦して失敗するより、小さく始めたほうが健全です。たとえ失敗しても規模が小さければリカバリーもききますし、トライアンドエラーを繰り返しながらでも、少しずつまちがよい方向に変わっていく実感が持てる。それは、まちの人にとって次につながる希望になるでしょう。こうした小さな挑戦があちこちでパラレルに進行することが、まちの活性化につながっていくのです。

一方で、地域おこし協力隊のように国からの助成金を受けて、若い人を自治体の職員として受け入れることで地域活性化が進んでいる場所もあり、補助金や助成金がうまく活かされているケースもあります。

民間企業に置き換えて考えていただければよくわかると思うのですが、一般的に、最初から事業主が資金をたくさん持っていることは少ないですよね。融資を受けて事業資金にしていることがほとんどですから、補助金を得ることがすべて悪だとは思いません。ただ、その補助金がどのような形で下りたのかに関してはきちんと把握しておくべきでしょう。

ちなみに、本書に登場するローカルヒーローたちはみな、基本的に行政との関わりのないところで活動をスタートさせています。続けるなかで、行政と協働事業を立ち上げるケースはありますが、彼らの初期衝動は「面白いことをやりたい」ということに尽きるので、お金がもらえるから何かをやろうというわけではないのです。だからユニークな挑戦ができているのです。補助金が入ると、だいたいは定められたメニューに沿ったことしかできなくなりますから、同じように補助金をもらっている他の地域の事業と似たようなプランしか生まれてきません。地域特性はその地域ごとに違うのに、それで本当の意味での地域活性につながるか、私としては疑問が残ります。

みんなコミュニティ（居場所）を欲しがっている

魅力ある地域をつくるうえで、大事な要素が「コミュニティ」です。コミュニティとは、その濃淡はあれど、顔の見えやすい関係性が形づくる地域といえます。人は誰も、生活や人生での安心感を求めています。コミュニティは「安心感」がある場所にこそ、本来生まれるものだからです。

コミュニティの重要性にみんなが気づいたのは、東日本大震災を経験したことが大きかったでしょう。経済成長と都市化によって、人とのつながりや地域での支え合いが薄れていたなか、震災は分断されていたそのつながりの重要性を僕たちに再認識させてくれました。第2章に登場した「ペンターン女子」の5人（72頁、現在は9人）も震災がきっかけでした。

「つながり」や「コミュニティ」を煩わしいもの、しがらみと感じる人もまだいますが、その一方で、顔が見えて、何かあったら支え合えるコミュニティに安心や心地よさを感じる人たちが3・11以降、一気に増えた気がします。その傾向は、若い世代に顕著に現れているように思います。無機質な個人主義から、有機的な隣人主義へ。コミュニティという言葉がモダンにアップデートされたのではないでしょうか。

実際、「コミュニティのつくり方」という特集を組んだ『ソトコト』2016年6

月号は非常に反響が大きく、同年度に発売されたなかでは売れ行きトップ3のひとつでした。こんなにもコミュニティを求めている人が多いのかと改めて実感しました。第1章でいまの若い世代は「自分探し」をしているのではない、「居場所探し」をしているのだ、と述べましたが、災害などの緊急時だけではなく、ふだんからの人とのつながり、安心できる仲間との関係をみんな必要としているのだと思います。都市生活に代表される個人主義が尊重されてきた時代から、「個」ではなく、どこかに属することに価値を見出す人たちが圧倒的に増えているのです。

もともと、地域社会（コミュニティ）は、当たり前のようにどこにでもありました。地方に限らず、都市でも隣近所の互助精神が機能していました。そうした昔ながらの「つながり」の価値に加えて、いまのコミュニティには「そこに行ったら、何か面白いことが待っている」という楽しさがあります。みんなが集まって、ワイワイやっていると、何か新しいプロジェクトが動き出しそうなワクワク感。そんな楽しいコミュニティがあちこちで生まれて、活気づいています。山形県真室川町の佐藤春樹さん（200頁）が開催している「芋祭」などはその代表例。各地で開催されているフェスやマルシェなどのイベントは、そこにコミュニティがあるからできることです。

近年、アートや映画を使った地域おこしとして、「○○ビエンナーレ」「○○トリエンナーレ」「〇〇映画祭」といったイベントが増えましたが、これらも地域を〝自分ごと〟としてとらえ、コミットする人たちの集まりがあるから行えること。それらのイベントの多くが、一過性でなく継続的なものとしてたくさんの人を集めることに成功しているのは、コミュニティのなかに当事者意識を持ち、まちのプレーヤーとして主体的に動いている人たちがいるから、協力体制がきちんとできているからです。

「育つコミュニティ」のつくりかた

育つコミュニティのポイントとして、よく僕がお話しするのが、「横を向くより、内を向く」という考え方です。これは極端に言えば、行政のPRでよくありがちな、外に向けて発信しているように見えて、じつは隣県や東京などの「仮想ライバル」へ牽制しているようなキャンペーンを例にしています。「向こうの県には、おいしい水がある。それなら、うちにも名水がある」といった感じで、人を呼び込むために広報をする素材の選択が、「隣」との背比べを意識したものばかりとなり、本来、来てもらいたい層にまったく届いていないのです。

これに対して僕は、「最初は内を向くこと」を強く推薦しています。「内」とは地元の人たち、仲間たちです。まずは、自分の地域の人に面白いと思ってもらうことを探す。つまり、自分たちが楽しめることから始めるということです。

育つコミュニティの原理原則も同じです。自分たちが楽しい、盛り上がると思ったことを小さく始めていけばいい。なかの人たちが面白がっていると、次第にまわりの輪が広がり、スピード感が出て、外の人たちはそわそわと気になり出します。仲間に入りたいな、という感情が湧き上がってきます。いわば「天の岩戸作戦」です。当事者たちが楽しくないコミュニティに仲間は増えません。

僕は2012年から、高知県が発行する文化広報誌『とさぶし』の編集委員のひとりを務めているのですが、その創刊会議では「坂本龍馬、カツオのタタキ、桂浜」といった、高知の有名な枕詞をいったん外したうえで、地元の若い人たちが面白いと思ってくれるテーマをつくろうという提案が生まれました。結果として、自分たちが高知の日常のなかで、自分ごととしてとらえている素材を探す流れができていきました。『とさぶし』は現在、季刊で第16号まで発刊しており、これまで「うつぼ」「地元のスーパーマーケット」「高知の調味料」「地パン」といったローカルの楽しさを伝える特集を掲載。地元の若者たちがファンになり、編集委員として多く参画してくれる、県外にも熱狂的な読者を持つ、人気の媒体となりました。たとえば「うつぼ」の特集では、太いうつぼが何匹か洗濯機に入って、ぐるぐると回っているイラストを使用しています。これはヌメリを取るための調理法で、SNSでも話題となりました。
育つコミュニティのいいヒントが、育つメディア『とさぶし』には隠されています。

ローカルベンチャーという選択

僕が審査員を務める「地域若者チャレンジ大賞」を主宰するNPO法人ETIC.では、今年9月からローカルベンチャーを推進するための「ローカルベンチャー推進協議会」を、全国8自治体（北海道下川町、同厚真町、岩手県釜石市、宮城県気仙沼市、同石巻市、岡山県西粟倉村、徳島県上勝町、宮崎県日南市）と連携し、事業をスタートさせました。

これは、数々の起業家を輩出してきた「ETIC.」と各自治体がタッグを組んで、ローカルベンチャーを育成しようというプロジェクトです。国が進める「地方創生」政策の一環でもあるのですが、それ以前から、東京中心のキャリアから転じて、地方で新たな事業を生み出そうとさまざまな地域で起業する若者が増えており、ひとつの大きなムーブメントになりつつあります。『ソトコト』でも、2015年7月号でローカルベンチャーを特集しましたが、反響は大きく、地方での仕事に魅力や可能性を感じている若者が確実に増えているのを実感しました。

この号で大きく取り上げた岡山県西粟倉村は、ローカルベンチャー発祥の地にして最先端地域。人口１５００人弱の小さな村ですが、８年間で12社が起業、70人以上の雇用を生み、Ｉターン者60人ほどが定住しています。この奇跡の仕掛け人が、２００６年に地域再生マネージャーとして西粟倉に赴任し、２００９年に「西粟倉・森の学校」を立ち上げた、牧大介さんです。「森の学校」は西粟倉に広がる森林を活かし、木材の販売・加工・商品開発などを行う会社で、ここを拠点にさまざまなローカルベンチャーが育っています。

牧さんが仕掛けたのは、地域おこし協力隊の制度を利用して、行政の地域活性化事業に携わってもらうだけでなく、さらに一歩進んで地域で起業してくれる人材を募集したこと。行政側は、その起業家をスタートアップから事業が安定するまでの一定期間をサポート。支援するのは、資金援助よりも、使われなくなった工場を提供するなど、地域にある資源を活かすという面に重きを置いています。

西粟倉では、そうした試みが実を結び、ユニークなローカルベンチャーが次々と誕生しています。森林資源を活かしたビジネスだけではありません。たとえば、地域おこし協力隊としてやってきた日本酒好きの女性が酒屋を構えながら、カフェやゲストハウス、村祭りなどに出かけて開催する「出張日本酒バー」。酒処ではない西粟倉に、新しい価値と交流が生まれています。

地方で起業というと、地産地消でなければとか、中山間地域なのだから林業や農業でないと、などと思い込みがちですが、それは窮屈な発想です。たとえば、限界集落と呼ばれる山のなかでケミカルウォッシュのデニムを生産する起業家が現れてもいいのです。「ローカル」「地方」「田舎」という既存のイメージを取っ払ったところから始まる新しいチャレンジ。地域の人たちは、そうした一見突拍子もないように思える若者の発想に寛容であってほしいですし、西粟倉のようにその挑戦をさまざまな面からサポートしていただきたいと思います。そんな柔軟で寛容な地域こそが、ローカルベンチャーの生まれやすい〝土壌〟なのです。

僕がメイン講師を務める島根県のソーシャル人材を育成する「しまコトアカデミー」からも、ローカルベンチャー第1号が生まれそうです。出雲市に地域おこし協力隊として東京からUターンしてくる山田真嗣（まさし）さん（33歳）で、なんと金魚の養殖業で起業しようというのです。僕は、彼からそのプランを聞いたとき、いいところに目をつけたな、と思いました。島根と金魚。出雲なんきんという地金魚のほかは、特に関連性もありませんが、猫と金魚はどんな時代でも老若男女から人気です。水産業のスペシャリストとして東京でキャリアを積み、〝メイド・イン・島根〟の金魚をこれから生み出す。行政は彼に対しての支援などを検討しているとのことで、山田さんの挑戦を行政がどうサポートしていくか、これからが楽しみです。

野鍛冶の秋田和良さん（１５５頁）も、行政の支援によって廃業する鍛冶工場を譲り受けて事業を始めました。このように、行政が創業支援や移住支援などを行う際には、補助金や助成金など単にお金を出すことでサポートするよりも、地域にある資源をうまく再活用するほうがサスティナブルで長く継続できるのではないでしょうか。

日本の手仕事が再び見直されている時代に、クラフトマンシップある若い人たちが新しく事業を始めやすいように、地域で使われなくなった工場や施設を補修して提供するというのは、いまの時代に合っている創業支援だと思うのです。

人口減を問題視する必要はない

日本の人口が減るということが、大きなメディアで問題として取り扱われています。近因的、遠因的に解決すべき課題は多岐にわたりますが、減ること自体は、生きものとして自然の流れ（社会構造からの理由は数多くあれど）だと僕は考えています。

まず、そもそもが、圧倒的な西欧化と経済成長により、およそこの１００年で人口が急激に増えたことから始まります。それまでは日本の人口は６０００万人を割っていました。僕自身は、これからは人口が減った日本のデザインを行うべきだと考えています。そのための未来づくりのヒントが島根県や広島県などのいわゆる中山間地域から発信されているのが、「いま」という時代なのかもしれません。

また、僕たちはそろそろ、人が環境に与える負荷が想像以上にご近所でも大きいということを、普段の生活や自分の楽しみから考えるトレーニングを行うべきでしょう。

釣り人の視点からお話をすると、毎年、10年以上、定点で通っている東北地方のある川で、2011年の夏だけはこれまでになく立派なイワナがたくさん釣れたことを強く覚えています。なぜか？　原発事故の影響を受け、解禁時期となる3月からその川に入る釣り人が格段に減ったことが理由かもしれません。例年でしたら、1日に2、3匹の釣果があればいいほうの川です。これほどまでに異なるのは、僕の釣りの腕が向上したからではなく、これまで春先に釣りきられていた魚たちが生き残ったからと解釈したほうが理にかなっている。それを確かに、翌年からの釣りは、いつもどおりの釣果に戻りました。身近な生態系とは、自然からの半永久の恩恵と思われがちですが、これほど脆弱なものなのです。

そういった意味では、日本の国土が保つことのできる人口は、現在よりももっと少ないものと考えてもいいのでは、というのが僕の仮説であり、理論です。もちろん、はるか遠くの国からエネルギーや食料を運んでくるという経済原理の方法もあるでしょう。しかし、物事の論理からいえば、ナチュラルではありません。地方創生が東京の一極集中を是正するという考えであれば、東京という言葉を日本という言葉に置き換えることもできそうです。エコロジーの面からも、人と人、そしてほかの生きものたちがバランスを保って持続していく里山的共生の価値観が、もっともっと人口減少問題ではポジティブな視点で語られることを願います。

『ソトコト』から見える「地方創生」

２０１４年９月、「地方創生」という国の政策が発表され、地域に目を向ける機会が増えた人も多いでしょう。若い人たちの間でローカル志向が進む現在、この国策には追い風が吹いています。これほど国の目指す方向と、若い人たちが望む未来への関心に共通項が多いことも、これまで国の政策として打ち出されたキーワードのなかでは珍しいことだと僕は思っています。国策によっては、国民と平行線でうまくメッセージが伝わらず、その距離感をどう縮めるかが、行政にとっても大きな障壁だったりするからです。

僕自身は、いま『ソトコト』がつくっている雑誌の内容が「地方創生的」とはあまり考えていませんし、自分でよく使うフレーズでもありません。どちらかというと、地域づくりやまちづくり、コミュニティづくりや未来づくりといった言葉を好んで使うようにも思います。

バブルの崩壊以降、日本は大きな目標を失ってしまったのではないか、と、いち生活者としてはよく自問しています。ここで言う大きな目標とは、経済的に豊かになることや、GDPでもっと上を目指すこと。経済や文化、教育、どのようなものでもかまいません、みんながおよそ総意のもとで他国の水準やランキングより上を行くことです。究極には「なんでも1位」的な発想かもしれませんが、大きな目標には、夢がなくてはなりません。そこには、強く他者を意識する建設的な向上心もあるでしょう。悪いことばかりではありません。事実、これまでに私たちは世界トップクラスの経済力を先輩世代の頑張りとともに得られ、物質的に豊かな社会を実現しました。つまり、もう、いったんは実現してしまったのです。だから、国としてのこれからの目標のとらえ方も大きく変化をする必要がありそうです。

日本でも「成長型の社会」より、「成熟型の社会」を目指す空気が広がっています。成熟型の社会とは何か？　と問われれば、それは、「横」を向かない社会なのではないかと、最近はよく考えるようになってきました。他県、他市、他町をすべて「他国」

と置き換えてみる。人口がどんどん増えている時代であれば、勢いのあるライバルとして隣の行政を意識していればよかったかもしれません。お隣よりも多い人口、お隣よりも多い名産品、お隣よりも多い観光地……「隣の芝生がどうにも青く見えてしまう」ことが競争の起点でした。

しかし、いま、地方の未来を考えるうえでは、数の論理ではなく、「粒」の論理。自分たちのことを「仲間」と考えてくれる人をどう見つけるか、です。いちばん近い仲間は、どこにいるでしょう？　それは間違いなく、まずは「内」です。そのまちに住み、地元を愛する人たち。老いも若きも関係ありません。そして次は「関係人口」とも言える、まちに関わりを持ってくれる地域外の人たちです。

いずれにしても、大切なのは、全体ではなく、個としての存在をしっかりと歓迎することです。そろそろ、人を数で語る時代とはさよならをして、顔と名前を覚える時代が、「地方創生」の次のステップなのかもしれません。

本書に登場したローカルヒーローのみなさんは、僕が『ソトコト』を通じて知り合った、顔の見える存在です。もともと地元出身の人、ひょんなことからその土地に縁を紡いだ人、きっかけはさまざまです。彼らがいまの活動を行っている理由もそれぞれでしょうが、ひとつ共通して言えることは、みんな、心の底からゆったりとできる

「面白い」ことが大好きなこと。地域で、「地方創生」というよりは、「面白い暮らし」をつくろうとしているような気がします。そしてその「面白い暮らし」は、個人ひとりより、仲間がいて家族がいて、コミュニティがあればあるほど増幅していきます。

ああ、そうかもしれない。僕が『ソトコト』を通じて、読者のみなさんと共有したかったのは、この未来へ向かう、「面白さ」なのかもしれません。最後に、ローカルヒーローのみなさんから僕自身が学んだ、これからの地域を盛り上げていく3つの感覚について記し、筆を置きます。

「新しい地方」を発信するソーシャルな視点
・関係人口を増やす
・未来をつくっている手ごたえ
・自分ごととして楽しい

おわりに

1983年にイギリスで製作された『ローカル・ヒーロー』という映画を観たことはあるでしょうか。

これはアメリカの大手石油会社に勤める若い主人公が、スコットランドの鄙びた村に石油コンビナートの用地買収の任務で派遣されるところから話が始まります。ポルシェに乗り、ヒューストンでの自由で豪華な暮らしを謳歌していた彼は、違和感を覚えながらも、村ののどかで美しい環境と、個性的で愛すべき村人たちとの交流によって、次第に都会の生活を忘れていってしまいます。時間の経過とともに、普段着がスタイリッシュなスーツから、フィッシャーマンズ・セーターに変わっていく細やかな衣装設定と心理描写も見逃せませんでした。彼は、地方で幸せを見つけたのです。

僕はこの素敵な映画を、地域に関わるいくつかの事業をご一緒している写真家のMOTOKOさんに強く奨められて鑑賞しました。そして、今回の新書のお話をポプラ社からいただいたときに、強く思い浮かんだのがこの「ローカルヒーロー」という言葉でした。MOTOKOさん、本書に通底したキーワードを授けていただき、感謝いたします。

「地方創生」が国の施策として四方に掲げられていますが、行政にとっても、僕たち生活者にとっても、いまは本当に、じつにラッキーな時代だと思います。なぜなら、国策と若者の志向が、かぎりなくぴったりと近い形で同じ方向を進んでいるからです。こんなリズミカルな気運は、なかなかありません。

ローカルに関わることは、オシャレでカッコいい。自分が住んでいるところ以外に、もうひとつやふたつ、関係性のともなう土地を持つことの楽しさ、面白さと幸せ。かつての、ただただ与えられることに満足する高度の消費社会を卒業した若くて新たな世代は、頼もしく、里山や里海といった中山間地域に自ら足を運び、ときには土地に根ざし、積極的にコミットしています。

もうずいぶん前に反体制のカウンターカルチャーとして成立していたローカリズムは、きっと大きく変容しました。それはソーシャルという価値観が湧水のように表出したからなのでしょう。

「自分」だけのことより、恋人や家族、仲間、そしてコミュニティや地域が幸せになったほうが、もっともっと社会はよりよく、何しろ、面白くなる。そんなバランス感覚があって、全体性を重んじるソーシャル世代が「ローカルヒーロー」を各地に生み出し、支え、伴走しているような気がしています。

　東北のとある地方、僕が15年、イワナ釣りで通っている山里にもゆっくりと変化が起きています。大きな山脈を臨む、すでに休校になった山あいの小学校では、芸術系の大学を卒業した若い女性がスタジオを構え、定期的に地元のお年寄りや子どもたち、外からの人たちを巻き込み、ワークショップを開いています。その敷地のすぐ近くには、新たにセルフビルドのゲストハウスがオープンしました。地域が率先して前に進む事例を、プライベートでも間近に知れることは、このうえなく幸せです。

　東京、築地の編集部で、日々の編集の業務が終わって、ふと「ローカルヒーロー」のみなさんのことを思うと、心が温かくなります。今度はいつ会えるかな、きっと痛快なことをアップデートして、地域の方々とともに動かしているのだろうな。そういうことを考えながら、また明日から取材や出張トークイベントで伺う、新たな日本の地域での、まだ見ぬ「ローカルヒーロー」の存在を心待ちにしています。

「ローカルヒーロー」は、漢方薬のような存在かもしれません。劇的に、ある部位を徹底的に瞬時に治癒するためではなく、何となく困っている人たちの体全体を慮(おもんぱか)って、じんわりと親身になって効いていく。おそらくたぶん、地域を小さく、優しく、ゆっくりと変えていく。

本書をつくるにあたり、編集者の山田真由美さん、ポプラ社の浅井四葉さんには毎月の打ち合わせと執筆で大変お世話になりました。本当にありがとうございました。おふたりと、東京新富町の「まめや」さんで、新潟の「鶴齢」をはじめ、大切な各地の日本酒を飲みながら、本書の構想ができたことをうれしく思います。

そして、本書に登場していただいた「ローカルヒーロー」のみなさんと、『ソトコト』でいつも格別のお力添えをいただいている日本の各地の方々にあらためまして、心より御礼申し上げます。またぜひ、みなさんが幸せを見つけたそれぞれの魅力的な地域に楽しみにお伺いさせてください！

まこととゆうこさん、家族に感謝を込め、青々として美しい静かな日本海を眺め、島根県江津市にて

２０１６年秋

指出一正

おすすめブックリスト

「地域を考える」

巡の環（阿部裕志・信岡良亮）『僕たちは島で、未来を見ることにした』（木楽舎、2012年）
赤坂憲雄『東北学／忘れられた東北』（講談社学術文庫、2009年）
伊藤洋志・pha『フルサトをつくる』（東京書籍、2014年）
藻谷浩介・NHK広島取材班『里山資本主義』（角川新書、2013年）
井上恭介・NHK「里海」取材班『里海資本論』（角川新書、2015年）
木下斉『稼ぐまちが地方を変える』（NHK出版新書、2015年）
木下斉『地方創生大全』（東洋経済新報社、2016年）
田中康弘『山怪』（山と渓谷社、2015年）
西木正明『ガモウ戦記』（文春文庫、2012年）
山形在来作物研究会『どこかの畑の片すみで』（山形大学出版会、2007年）
畠山千春『わたし、解体はじめました』（木楽舎、2014年）
高室弓生『ニタイとキナナ』（青林工芸舎、2006年）
串田孫一『北海道の旅』（平凡社ライブラリー、1997年）

江口晋太朗ほか『日本のシビックエコノミー』(フィルムアート社、2016年)
イザベラ・バード『日本奥地紀行』(高梨健吉訳、平凡社ライブラリー、2000年)
つげ義春『つげ義春流れ雲旅』(朝日ソノラマ、1971年)
馬場正尊・Open A 『エリアリノベーション』(学芸出版社、2016年)
山崎亮『コミュニティデザインの源流　イギリス篇』(太田出版、2016年)
猪谷千香『町の未来をこの手でつくる』(幻冬舎、2016年)
松村秀一・馬場正尊・大島芳彦監修『リノベーションプラス』(ユウブックス、2016年)
武田百合子『富士日記』(中公文庫、1997年)
大石始著、ケイコ・K・オオイシ写真『ニッポンのマツリズム』(アルテスパブリッシング、2016年)
五十嵐大介『リトルフォレスト1』(講談社、2004年)
内山節『山里の釣りから』(農山漁村文化協会、2014年)
宮本常一『忘れられた日本人』(岩波文庫、1984年)
宮本常一『下北半島(私の日本地図3)』(未来社、2011年)
赤坂憲雄『山野河海まんだら』(筑摩書房、1999年)
石見銀山生活文化研究所編『ぐんげんどう』(石見銀山生活文化研究所、2015年)
岡本太郎『沖縄文化論』(中公文庫、1996年)
飯沢耕太郎監修、岡本太郎・岡本敏子『岡本太郎の東北』(毎日新聞社、2002年)
高知県『とさぶし』(高知県)

「自然と親しむ」

辻まこと『山で一泊』(創文社、2002年)
辻まこと『山からの絵本』(ヤマケイ文庫、2013年)
辻まこと『多摩川探検隊』(小学館ライブラリー、1993年)
串田孫一『新選 山のパンセ』(岩波文庫、1995年)
串田孫一『山のABC』(創文社、1959年)
中島みち『クワガタクワジ物語』(偕成社文庫、2002年)
奥野良之助『金沢城のヒキガエル』(平凡社ライブラリー、2006年)
津留崎健『幸福の森』(つり人社、2006年)
伊藤正一『定本 黒部の山賊』(山と渓谷社、2014年)
いましろたかし『釣れんボーイ』(エンターブレイン、2002年)
高木知敬文、阿部幹雄写真『イトウ』(山と渓谷社、1999年)
山本素石『山釣り』(ヤマケイ文庫、2016年)
野田知佑『日本の川を旅する』(新潮文庫、1985年)

「言葉を伝える」

井上ひさし『ブンとフン』(新潮文庫、1991年)
井上ひさし『吉里吉里人』(新潮文庫、1985年)

井上ひさし『イサムよりよろしく』(文春文庫、1976年)
井上ひさし『花石物語』(文春文庫、2011年)
湯川豊『イワナの夏』(ちくま文庫、1991年)
中上健次『紀州』(角川文庫、2009年)
いましろたかし『化け猫あんずちゃん』(講談社、2007年)
イタロ・カルヴィーノ『不在の騎士』(米川良夫訳、河出文庫、2005年)
リチャード・ブローティガン『アメリカの鱒釣り』(藤本和子訳、新潮文庫、2005年)
都築響一『圏外編集者』(朝日出版社、2015年)
みうらじゅん『「ない仕事」の作り方』(文藝春秋、2015年)
村上春樹『国境の南、太陽の西』(講談社文庫、1995年)
武田百合子『犬が星見た』(中公文庫、1982年)
中沢新一『アースダイバー』(講談社、2005年)
中沢新一『大阪アースダイバー』(講談社、2012年)
椎名誠『日本細末端真実紀行』(角川文庫、1986年)
椎名誠『さよなら、海の女たち』(集英社、1991年)
椎名誠『わしらは怪しい探検隊』(角川文庫、1982年)

指出一正
さしで・かずまさ
月刊『ソトコト』編集長。1969年群馬県生まれ。上智大学法学部国際関係法学科卒業。雑誌『Outdoor』編集部、『Rod and Reel』編集長を経て、現職。島根県「しまコトアカデミー」メイン講師、広島県「ひろしま里山ウェーブ拡大プロジェクト」全体統括メンター、高知県文化広報誌『とさぶし』編集委員、沖縄県久米島町アドバイザー、静岡県「地域のお店デザイン表彰」審査委員長、奈良県「奥大和アカデミー」メイン講師、広島県「ひろしま　さとやま未来博 2017」総合監修をはじめ、地域のプロジェクトに多く携わる。趣味はフライフィッシング。

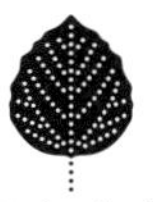

ポプラ新書
111
ぼくらは地方で幸せを見つける
ソトコト流ローカル再生論
2016年12月8日 第1刷発行

著者
指出一正
発行者
長谷川 均
編集
浅井四葉
発行所
株式会社 ポプラ社
〒160-8565 東京都新宿区大京町22-1
電話 03-3357-2212(営業) 03-3357-2305(編集)
振替 00140-3-149271
一般書出版局ホームページ http://www.webasta.jp/
ブックデザイン
鈴木成一デザイン室
印刷・製本
図書印刷株式会社

N.D.C.601/254P/18cm ISBN978-4-591-15284-3

生きるとは共に未来を語ること　共に希望を語ること

昭和二十二年、ポプラ社は、戦後の荒廃した東京の焼け跡を目のあたりにし、次の世代の日本を創るべき子どもたちが、ポプラ（白楊）の樹のように、まっすぐにすくすくと成長することを願って、児童図書専門出版社として創業いたしました。

創業以来、すでに六十六年の歳月が経ち、何人たりとも予測できない不透明な世界が出現してしまいました。

この未曾有の混迷と閉塞感におおいつくされた日本の現状を鑑みるにつけ、私どもは出版人としていかなる国家像、いかなる日本人像、そしてグローバル化しボーダレス化した世界的状況の裡で、いかなる人類像を創造しなければならないかという、大命題に応えるべく、強靭な志をもち、共に未来を語り共に希望を語りあえる状況を創ることこそ、私どもに課せられた最大の使命だと考えます。

ポプラ社は創業の原点にもどり、人々がすこやかにすくすくと、生きる喜びを感じられる世界を実現させることに希いと祈りをこめて、ここにポプラ新書を創刊するものです。

未来への挑戦！

平成二十五年　九月吉日　　株式会社ポプラ社